Ingrid Brodnig — LÜGEN IM NETZ

Ingrid Brodnig

LÜGEN IM NETZ

Wie Fake News, Populisten und
unkontrollierte Technik uns manipulieren

Zweite überarbeitete Auflage

INHALT

Vorwort	7
Eine neue Ära der Manipulation	9
Desinformation und ihre gesellschaftlichen Risiken	16
Eine Typologie der Irreführung	30
Soziale Medien als Drama-Maschine	39
Angst vor der Echokammer	51
Zersplitterte digitale Debatte	62
Populisten kreieren Parallelrealitäten	72
Leben wir im Informationskrieg?	86
Russland: Vorteil durch Dissens	98
Wie Falschmeldungen das Denken prägen	111
Die gefährdete Wahl	120
Wie ich Fans kaufte	127
Die Macht der Bilder	138
Düstere Werbeformen	148
Wann Falschmeldungen strafbar werden	163
Welches Netz möglich wäre	172
Was jeder zur Aufklärung beitragen kann	187
Festhalten an Fakten	198
Anmerkungen	210

VORWORT

Ich habe seit der Erstauflage dieses Buchs viel gelernt – und ich durfte diese Eindrücke nun in eine neue Fassung einfließen lassen. Beispielsweise interessierte mich, wieso Bilder so wirkmächtig sind. Oft funktionieren Falschmeldungen gerade deshalb, weil sie manipulierte oder aus dem Kontext gerissene Fotos einsetzen. Es ist offensichtlich, dass Menschen Bildern gegenüber ein Grundvertrauen zeigen, das sie dem geschriebenen Wort nicht entgegenbringen. Und zum Glück fand ich eine Expertin, die mir erklären konnte, wie unser Gehirn Bilder anders als Text verarbeitet und auch stark unbewusst aufnimmt. Das war einer der Aha-Momente bei meiner Recherche für die Neuauflage.

Zugegeben: Ich habe auch etwas leicht Unmoralisches getan und ein Experiment gestartet. Ich wollte wissen, wie leicht es ist, gefälschte Fans auf Facebook zu kaufen, und wie viel das kostet. Das Ergebnis können Sie in Kapitel 12 nachlesen. So viel sei verraten: Es war schon ein Nervenkitzel, als ich einige gefälschte Likes bestellt hatte, und plötzlich die Fanzahlen meiner Seite in die Höhe schossen. Von null auf 200, auf 500, auf 1000 und dann auf 2000 Fans. Es ist beeindruckend, live mitzuerleben, wie ein Knopfdruck und eine kleine Überweisung bewirken, dass man plötzlich online ziemlich populär wirkt. Das verdeutlicht umso mehr, wie skeptisch man einigen Erfolgszahlen im Netz, mit denen sich auch gerne Parteien brüsten, gegenüberstehen sollte.

Die wesentlichsten neuen Erkenntnisse betreffen allerdings die globale Debatte: Unterschiedliche Manipulationsformen wurden umso deutlicher – vor allem wissen wir nun

Vorwort

genauer, wie im Frühjahr, Sommer und Herbst 2016 in den USA, rechtzeitig vor der Präsidentschaftswahl, die Stimmung im Netz angeheizt wurde und welche Rolle hierbei heimlich ausländische Agitatoren spielten. Die Erkenntnisse der amerikanischen Untersuchungen hierzu lesen sich teils wie ein Krimi, den ich Ihnen auch präsentieren werde.

Ich habe genau genommen alle Kapitel des Buchs überarbeitet, zum Teil diese komplett neu aufgesetzt, in jedem Fall alle Themen aktualisiert, viele neue wissenschaftliche Erkenntnisse wurden von mir eingeflochten. Auch habe ich weitere neue Tipps herausgearbeitet, wie man Falschmeldungen leichter erkennen und ein ausgeprägtes Gespür entwickeln kann, ob man vielleicht gerade manipuliert wird. Ich hoffe, dass die neuen Empfehlungen und Tricks eine nun umso praxisnähere Hilfe bieten. Eines ist aber gleich geblieben: Das grundsätzliche Anliegen und die Überzeugung dieses Buchs, dass wir die Manipulation im Netz besser verstehen müssen, wenn wir sie bekämpfen wollen.

– 1 –

EINE NEUE ÄRA DER MANIPULATION

Es ist Sonntagabend, der 12. März 2017: Im Eiltempo verbreitet sich eine Meldung im Internet, ihre Schlagzeile lautet: „Merkel hofft auf 12 Millionen Einwanderer". Tausende Menschen macht dieser Bericht wütend, sie klicken auf „Gefällt mir", teilen die Nachricht. Sie schreiben Kommentare wie: „Dahin soll die Reise gehen, Umvolkung, das ist das Ziel der Elite [...]" Oder sie posten über die deutsche Bundeskanzlerin Angela Merkel: „Diese Tante muss mann zum Teufel jagen, und der Asylanten Bus soll die erwischen."[1]

In der erhitzten und rasch geführten Debatte fällt vielen Bürgern eines aber nicht auf: Diese Meldung ist irreführend. Sie lässt sich als Paradebeispiel einstufen, wie online mit Halbwahrheiten oder falschen Behauptungen Stimmung gemacht wird, wie Nutzer durch unseriöse Meldungen in Wut versetzt werden. Angela Merkel hat gar nie gesagt, dass sie auf 12 Millionen Einwanderer „hofft" – die Hoffnung wurde ihr in den Mund gelegt. Die Wirkung bleibt nicht aus: 58.000-mal haben Benutzer bei dem emotionalisierenden Beitrag auf „Like" geklickt, ihn kommentiert oder geteilt. Solche Zahlen sind selbst für große Nachrichtenhäuser eine erfreuliche Bilanz, allerdings kommt der Artikel nicht aus einem etablierten Medium, er stammt von einer eher unbekannten rechten Seite, die den Klickerfolg feiert.

Wir können online beobachten: Gerade unseriöse, emotionalisierende Berichte sind oft beeindruckend erfolgreich. Sie erreichen auf sozialen Medien mitunter ein größeres Publikum als manch eine ausgewogene, nüchterne

1. Eine neue Ära der Manipulation

Recherche. Im Netz ist ein Markt an Irreführung und Desinformation entstanden, der bis zu „Fake News" reicht, also vollständig erfundenen Meldungen. Viele Bürger bemerken gar nicht, dass sie solche Falschmeldungen konsumieren und dabei unseriösen Portalen Vertrauen schenken.

So wie an jenem 12. März 2017. Eine 55-jährige Bayerin ist auf Facebook unterwegs. Sie scrollt auf ihrem iPhone durch die neuesten Meldungen, bleibt bei dem Text hängen, dass Angela Merkel auf 12 Millionen Migranten hoffe. Auch sie wird wütend, tippt in ihr Smartphone: „Die Frau und ihre Helfer müssen weg – hoffentlich kann die AFD noch was retten !!! Wenn die Wahl mit Rechten Dingen zu geht !! Was ich bezweifle". Sieben Nutzer liken ihre Wortmeldung.

Womöglich hätte die Bayerin gar nie erfahren, dass der Bericht so nicht stimmt, dass einzelne Behauptungen falsch oder irreführend sind. Das erfährt sie erst, als ich sie ein paar Tage später auf Facebook kontaktiere und um ein Interview bitte. Ich habe Dutzende Nutzer, die mit Fehlinformationen in Kontakt kamen, angefragt. Mich interessiert, wie Betroffene über den Vorfall denken, ob sie daraus Schlüsse für ihren weiteren digitalen Medienkonsum ziehen?

„Nein, ich ziehe da keine Schlüsse. Es ist einfach so: Was geschrieben wird, wird geschrieben, weil die Leute das hören wollen. Weil sie lesen wollen, was sie selber denken", sagt die Bayerin am Telefon. Sie ist eine der ganz wenigen, die sich zu einem Gespräch bereit erklären – ich habe ihr Anonymität zugesichert.

Die 55-Jährige ist höflich, gesprächsbereit und zugleich erbost über die Politik. Wir unterhalten uns zweieinhalb Stunden lang – sie erzählt mir, dass Flüchtlinge besser behandelt würden als Einheimische und sie damit rechnet, dass bald

1. Eine neue Ära der Manipulation

ein Bürgerkrieg zwischen den, wie sie es nennt, „Normalbürgern" und anderen ausbreche. Früher hat die Frau stets die konservative CSU gewählt – jetzt will sie zur rechtspopulistischen Alternative für Deutschland (AfD) wechseln. Sie ist eine typische „besorgte Bürgerin". Ein Aspekt interessierte mich besonders: Wie denkt sie über den Bericht, dass Angela Merkel auf 12 Millionen Migranten hofft. Ärgert es sie, dieser irreführenden Meldung geglaubt zu haben? Die Frau sagt: „Was heißt ärgern? Ärgern tut es mich insofern nicht, weil ich der Meinung bin, es kann passieren. Auch wenn es jetzt momentan nicht gestimmt hat, ist es doch eine Meldung, die passieren kann – wenn nicht heute oder morgen, dann vielleicht in einem halben Jahr." Sie argumentiert dies damit, dass man ein solches Vorgehen der deutschen Kanzlerin zutrauen könne.

Die Aussage hat mich dann doch überrascht, auch wenn ich online schon häufiger solche Argumentationen gelesen haben. Nur: Wie antwortet man Menschen, die erklären, dass eine falsche Information zwar nicht wahr sei, aber eines Tages doch noch wahr werden könnte? Die Bayerin ist mit dieser Sichtweise nicht allein. In den sozialen Medien können wir Polarisierung mitansehen; Falschmeldungen werden genützt, um bestehende Vorurteile zu schüren und bestehende Bruchlinien in der Gesellschaft zu vertiefen. In solch polarisierten Debatten geht es dann nicht mehr darum, ob eine Behauptung belegbar ist, sondern ob sie dem anderen politischen Lager schadet. Wie Fehlinformation und Halbwahrheiten das demokratische Klima verätzen, können wir bereits beobachten.

Facebook-Gründer Mark Zuckerberg nannte es einst eine „ziemlich verrückte Idee", dass Fake News im Netz

1. Eine neue Ära der Manipulation

politische Wahlentscheidungen beeinflussen.[2] Die Aussage sorgte zu Recht für Irritation. Wir können sehen, dass ein Teil der Bevölkerung Falschmeldungen sehr wohl glaubt. Wissenschaftler versuchen spätestens seit der US-Wahl 2016 zu messen, wie groß der Einfluss von Falschmeldungen auf Bürger ist. Dass Facebooks erste Reaktion in der Debatte war, die politische Tragweite manipulativer Artikel nicht ernst zu nehmen, beunruhigte viele. Das Unternehmen gibt mittlerweile immerhin zu, dass auf sozialen Medien Gefahren für die Demokratie auftreten können.[3] Ich würde Mark Zuckerberg empfehlen, länger mit Amerikanerinnen und Amerikanern zu reden, die Barack Obama für einen Muslim halten, oder mit deutschsprachigen Bürgerinnen und Bürgern, die der Ansicht sind, dass in Österreich oder Deutschland Wahlbetrug an der Tagesordnung stünde, nachdem sie das online gelesen haben. Auch Irreführung wirkt.

Selbst eine der wichtigsten Personen der Digitalisierung, Sir Tim Berners-Lee, der im Jahr 1989 in der Forschungseinrichtung CERN das World Wide Web erfand, zeigt sich mittlerweile besorgt. Zum 28. Geburtstag des Web verfasste er einen Aufruf. Er schrieb „in den vergangenen 12 Monaten bin ich zunehmend beunruhigt worden", und plädierte unter anderem dafür, die Verbreitung von Desinformation im Netz schwerer zu machen und auch mehr Transparenz von politischen Kampagnen online einzufordern.[4]

Jede neue Technologie muss eben auch auf ihr Missbrauchspotenzial überprüft werden. Nehmen wir den Wahlsieg von Donald Trump: Das Internet ist gewiss nicht die Ursache, warum Menschen diesem politischen Provokateur zujubeln. Wir leben in einer Zeit, in der Populisten es vermögen, eine tiefe gesellschaftliche

1. Eine neue Ära der Manipulation

Unzufriedenheit anzusprechen. Das Internet ist nicht schuld an dieser grundsätzlichen Attraktivität von umstrittenen Kandidaten, nur kann es ihren Erfolg mitantreiben. Technik wirkt manchmal wie ein Verstärker. Aktuell können wir in einigen Ländern beobachten, dass Desinformation und bösartige Unterstellungen online überdurchschnittlich sichtbar sind und ausgerechnet Rechtspopulisten von den digitalen Tools auffällig profitieren. Warum es tatsächlich Grund zur Beunruhigung gibt, was zu dieser Situation führte und was wir auch dagegen tun können, werde ich auf den folgenden Seiten erklären.

Ich habe dieses Buch in vier Teile gegliedert: Zuerst erkläre ich das Ausmaß der Irreführung im Netz und die Hintergründe, wieso wir gerade online so viele Falschmeldungen und äußerst tendenziöse, emotionalisierende Beiträge erleben. Offensichtlich ist der Mensch ein wesentlicher Teil des Problems – wir sind empfänglich für Fehlinformationen, die allzu gut zu unseren Vorstellungen und Feindbildern passen. Hinzu kommt, dass die Technik womöglich – zumindest in der jetzigen Ausgestaltung vieler Webseiten – diese menschlichen Schwachstellen verstärkt.

Darauffolgend beschreibe ich die neu entstandenen Machtverhältnisse – ein digitales Ökosystem, in dem Rechtspopulisten für ihre Anhänger eine wutgeladene Parallelrealität errichten, in der Staaten wie Russland versuchen, gekonnt die Meinung der Bürger anderer Länder zu beeinflussen, und russische Akteure auch nachweisbar Wut schüren in ausländischen Wahlkämpfen. Ich gehe der Frage nach, ob wir uns tatsächlich in einem „Informationskrieg" befinden, wie es manch ein Verschwörungstheoretiker schon

1. Eine neue Ära der Manipulation

länger behauptet. Hier erkläre ich auch, wie unsere Weltsicht von ständig wiederkehrender Desinformation im Netz nachhaltig geprägt wird.

Im dritten Teil habe ich ein kleines Experiment gewagt und selbst gefälschte Likes gekauft – ich werde hier erläutern, wie Technik einen verzerrten Eindruck herstellen kann. Diese unfairen Methoden reichen von sogenannten Social Bots, also Accounts, die aussehen wie Menschen, aber in Wirklichkeit nur Software sind, bis hin zu unehrlicher Online-Werbung, die ein irreführendes Bild von Politikern zeichnen kann.

Zum Schluss dieses Buchs werden rechtliche, technische und gesellschaftliche Lösungen gebracht: Wir können etwas gegen die Manipulation im Netz tun. Das beginnt bei den großen Technikplattformen, die transparenter werden müssen – weil sie zu bedeutend geworden sind, um ihre Software und ihre Regeln im Verborgenen zu halten. Zumindest sollten Wissenschaftler die Möglichkeit haben, genau zu überprüfen, welche Nebeneffekte digitale Tools für die Demokratie haben. Zweitens werde ich behandeln, wie sich Betroffene juristisch gegen Falschmeldungen zur Wehr setzen können – und inwiefern es ein konsequenteres Vorgehen der Staatsanwaltschaft braucht. Drittens erkläre ich den Wert von Faktenchecks für die Gesellschaft, und nicht nur das: Ich werde konkrete und anschauliche Beispiele liefern, wie jede Bürgerin und jeder Bürger selbst Desinformation leichter durchschauen und effizienter dagegen vorgehen kann. Denn das ist eine der offensichtlichsten Lösungen: Je mehr Menschen die Methoden der Fälscher und Provokateure durchschauen und sich nicht von ihnen instrumentalisieren lassen, desto schwerer werden es diese Akteure in Zukunft

1. Eine neue Ära der Manipulation

haben, mit ihren Tricks durchzukommen. Ich bin überzeugt, dass jeder von uns einen Beitrag leisten kann, dass die Situation besser wird.

– 2 –

DESINFORMATION UND IHRE GESELLSCHAFTLICHEN RISIKEN

Ich habe mit Faktencheckern aus Ländern wie Italien gesprochen; mit Experten, die Fehlinformation im französischen Wahlkampf beobachten; mit amerikanischen Journalisten und Wissenschaftlern, die dort Fake News und politische Propaganda erforschen; mit Beobachtern aus Osteuropa, die über russische Medien Bericht führen; und mit Vertretern aus dem deutschsprachigen Raum, die seit Jahren zum Betrug im Netz recherchieren. Bei all diesen Gesprächen faszinierte mich eine Facette besonders: Mit welch ähnlichen Problemen wir im Einsatz gegen Irreführung konfrontiert sind. So streuen Fälscher und dubiose Webseiten in unterschiedlichen Ländern häufig vergleichbare Gerüchte, die Misstrauen in die Demokratie nähren.

Zwar gibt es landesspezifische Unterschiede, etwa welcher Politiker eine besondere Hassfigur ist, welche Minderheiten kulturell eher als Sündenbock herhalten müssen oder wie viel Geld dubiose Webseiten mit erfundenen Artikeln und den daraus generierten Klicks machen können. Doch insgesamt sind einige Parallelen auffällig: In all diesen Ländern sind neue, eher unjournalistische Webseiten entstanden, die gezielt ein Gegenpol zu dem sein wollen, was sie als „Mainstream-Journalismus" bezeichnen. Diese sogenannten „alternativen Medien" versprechen oft, die „Wahrheit" zu liefern oder eine „Gegenöffentlichkeit" herzustellen – allerdings fällt ihre Berichterstattung weniger durch faktenorientierte Ausgewogenheit als durch besondere Einseitigkeit auf. Viele dieser Seiten produzieren keinen Journalismus im

2. Desinformation und ihre gesellschaftlichen Risiken

klassischen Sinne – häufig haben wir es vielmehr mit politisch motivierter Berichterstattung zu tun.

Besonders deutlich wird das in Wahlkampfzeiten. Nehmen wir Frankreich: Ich interviewte Sam Dubberley, der das Projekt „CrossCheck" redaktionell leitete, das Falschmeldungen im französischen Wahlkampf aufdeckte. „Wir sehen vor allem Spekulationen", sagte er zu mir mehrere Wochen vor der Stichwahl. Schon früh im Wahlkampf wurden Gerüchte über den liberalen Präsidentschaftskandidaten Emmanuel Macron gestreut, etwa dass er auf der französischen Insel Mayotte die Scharia einführen wolle, was Unsinn ist.[5] Kurz vor der Wahl hieß es dann sogar, Macron würde Geld auf Offshore-Konten und vorbei am französischen Fiskus bunkern – mittels nachbearbeiteter Bilder wurde diese Geschichte im Netz verbreitet. Projekte wie „CrossCheck" halfen, die Bevölkerung über die Irreführung rechtzeitig aufzuklären.

Speziell in polarisierten Wahlkämpfen sind solche Halbwahrheiten und Falschmeldungen mittlerweile Normalität: Mit Unterstellungen werden einzelne Kandidaten in ein schlechtes Licht gerückt. Im schlimmsten Fall sind einzelne Gerüchte extrem sichtbar und führen dazu, dass der betroffene Politiker sich wiederholt rechtfertigen muss; in diesem Moment kapern Falschmeldungen also sogar einen Teil der öffentlichen Debatte. Vor allem aber kann man sich Fehlinformation als Brandbeschleuniger für das dazu passende erhitzte politische Lager vorstellen: Die meisten Falschmeldungen sind nicht in der breiten Bevölkerung wirksam, sondern zirkulieren gerade bei jener Gruppe von Wählern, zu deren politischen Ansichten die jeweilige Botschaft besonders gut passt. Die Gefahr besteht hier, dass diese Bürger auch durch Falschmeldungen emotional weiter angetrieben werden. Das Schüren von Wut ist eine äußerst erfolgreiche politische Strategie – es aktiviert das eigene Lager und bringt Menschen auch eher zur Stimmabgabe.[6]

Die meisten üblen Gerüchte kursieren also hauptsächlich in der inhaltlich dazu passenden Nische im Netz, allerdings gibt es politische Hochphasen, in denen einzelne Falschmeldungen tatsächlich eine beträchtliche Sichtbarkeit erringen.

Dazu ein Beispiel aus Italien: Im Dezember 2016 stimmte das Land über eine Verfassungsreform ab, die den Senat in Rom geschwächt hätte. Das Referendum scheiterte schließlich. In den Wochen vor der Wahl kursierten haufenweise Falschmeldungen. Die Faktenchecker-Seite „Pagella Politica" machte eine interessante Auswertung: Sie haben die zehn stärksten Texte im italienischen Wahlkampf auf sozialen Medien analysiert – ausgewertet wurden Artikel mit „Referendum" im Titel, gemessen wurde ihre Interaktion auf den Plattformen Facebook, LinkedIn, Twitter und Google+. „Die Resultate sind nicht ermutigend", schreiben sie.[7] Unter den zehn stärksten Texten sind fünf problematisch: Bei vier handelt es sich um glatte Falschmeldungen, eine ist in ihrem Titel schwer irreführend. Die erfolgreichste Meldung auf Social Media trug die Überschrift: „Wahlzettel wurden bereits mit ‚Ja' markiert". In dem Text wird behauptet, dass 500.000 Karten vorab manipuliert worden seien.[8] Das ist eine Erfindung – und im Impressum wendet diese Seite einen weit verbreiteten Trick an: Sie erklärt, dass sie nur „Satire" sei, wobei das Element der Satire hier nicht erkennbar ist. Insgesamt hat diese erfundene Meldung 233.000 Reaktionen auf sozialen Medien ausgelöst – eine beeindruckende Zahl.[9]

2. Desinformation und ihre gesellschaftlichen Risiken

Unter den zehn stärksten Meldungen zum italienischen Referendum sind also fünf irreführend oder falsch. Solche Hochphasen von Desinformation sind ein Worst-Case-Scenario für demokratische Abstimmung, weil man davon ausgehen muss, dass ein Teil der Bürger seine Wahlentscheidungen auch basierend auf Fehlinformation trifft.

Noch berühmter als die Irreführung in Italien ist natürlich die US-Wahl 2016, bei der viele erfundene Geschichten kursierten und letztlich der republikanische Kandidat Donald Trump gegen die Demokratin Hillary Clinton gewann. Das Onlinemedium „Buzzfeed" veröffentlichte eine Statistik, die viele Amerikaner entsetzte: Über Monate hinweg hatten die Journalisten analysiert, ob die erfolgreichsten Artikel auf Facebook aus dem klassischen Journalismus stammten oder ob sie Fake News, also frei erfundene Meldungen, waren. Gemessen wurde die sogenannte Interaktion, also die Gesamtzahl der Likes, Kommentare und wie oft ein Beitrag geteilt wurde.

In den letzten drei Monaten wurden zutiefst unseriöse Geschichten dominanter: Die 20 stärksten Falschmeldungen erzielten nun mehr Wirbel auf Facebook als die 20 stärksten Nachrichtentexte klassischer Medien. „Als die Wahl näherkam, schoss die Interaktion bei gefälschten Inhalten auf Facebook in die Höhe und überbot die Inhalte von großen Nachrichtenmedien", erklärt das Medium. Die größte Falschmeldung in dieser Phase war der Bericht, wonach der Papst Donald Trump als Kandidat unterstützen würde. Die zweitstärkste Fehlinformation behauptete, dass Hillary Clinton Waffen an die Terrorgruppe „IS" verkauft hätte.[10] Unter den 20 erfolgreichsten Falschmeldungen waren 18 hilfreich für die Kampagne von Trump, und nur eine sprach das Clinton-Lager an.

2. Desinformation und ihre gesellschaftlichen Risiken

Interessanterweise scheinen Menschen Falschmeldungen tendenziell zu glauben. Das legt zumindest eine Befragung des Meinungsforschungsinstituts Ipsos Public Affairs nahe, die im Auftrag von „Buzzfeed" nach der US-Wahl durchgeführt wurde. Die Meinungsforscher legten Bürgern unterschiedliche Fake-News-Schlagzeilen vor und fragten sie, ob sie die Meldung selbst gesehen und ob sie diese damals für wahr gehalten hatten. Die Mehrheit der Amerikaner, die sich an einzelne Falschmeldungen erinnern konnten, hatten sie geglaubt. Nehmen wir nur die Meldung, dass der Papst Trumps Kandidatur unterstützen würde. Beinahe zwei von drei der Amerikaner, die nach eigener Auskunft diese Behauptung gesehen hatten, hielten sie für wahr – unter Trump-Wählern waren es sogar 75 Prozent.[11]

Einzelne erfundene Storys haben also eine starke Sichtbarkeit und werden wohl von einigen Nutzern geglaubt. Die große Frage ist nun: Wie weit verbreitet ist das Problem der Fake News in der Gesamtbevölkerung – betrifft es nur einen Ausschnitt oder die breite Masse?

Mittlerweile gibt es hierzu eine aufschlussreiche Untersuchung der Politologen Brendan Nyhan, Jason Reifler und Andy Guess. Sie haben die letzten Wochen vor dem amerikanischen Wahlkampf ausgewertet. Sie analysierten dabei, welche Webseiten mehr als 2500 erwachsene Amerikaner auf ihrem Laptop- oder Desktopcomputer aufriefen. Und sie kombinierten diese Ergebnisse auch mit Umfragedaten dieser Studienteilnehmer. Die Forscher kamen zum Ergebnis: Einer von vier Amerikanern rief eine Fake-News-Seite während des Wahlkampfes auf, konkret waren es 27,4 Prozent.

Das ist eine gute und schlechte Nachricht zugleich: Fake News sind demnach kein Phänomen, das die breite Masse

2. Desinformation und ihre gesellschaftlichen Risiken

betrifft. Sehr wohl aber kam ein signifikanter Teil der Bevölkerung mit derartiger Desinformation in Kontakt, immerhin jeder vierte Amerikaner ab 18.

Angemerkt sei an dieser Stelle, dass diese Studie wirklich nur eindeutige „Fake News"-Webseiten erfasst, die bekannt dafür sind, Meldungen zu erfinden und herausragend falsche Inhalte zu verbreiten. Gemessen wurde also der Kontakt mit Meldungen wie: „Papst Franziskus schockiert die Welt, unterstützt Donald Trumps Kandidatur, veröffentlicht dazu Statement." Nicht gemessen wurde eine große Grauzone – also beispielsweise rechte Medien wie „Breitbart", die oftmals tendenziös und auch irreführend berichten, aber nicht unbedingt Geschichten als Ganzes erfinden. Diese Statistik betrifft also nur das Schlimmste des Schlimmen: Ein Viertel der Amerikaner kam mit solchen Meldungen in Kontakt.

Wobei hierzu eine zweite Erkenntnis der Wissenschaftler wichtig ist: Der Konsum von Fake News ist nicht gleichmäßig auf die Gesellschaft verteilt. Im Gegenteil! Jene Amerikaner, die besonders viele konservative Webseiten frequentieren, sind besonders betroffen. Zwei von drei sahen Fake News, konkret 65,9 Prozent.

Die Politologen ermittelten nämlich die „Mediendiät" der Studienteilnehmer – ob diese hauptsächlich rechte, hauptsächlich linke oder doch heterogene Medien konsumierten. Jenes Zehntel, das am meisten rechte Webseiten aufrief, konsumierte auch den Großteil der Falschmeldungen. Diese Bürger riefen im Schnitt sogar 33 Fake-News-Artikel auf von Webseiten, die positiv über Donald Trump berichteten. Überzeugte Trump-Wähler waren offensichtlich die größten Opfer von Desinformation.

2. Desinformation und ihre gesellschaftlichen Risiken

Noch eine weitere Erkenntnis der Forscher ist wichtig: Facebook spielte eine Rolle. Jenes Drittel der Amerikaner, das dieses soziale Medium besonders aktiv nutzte, rief überdurchschnittlich oft Falschmeldungen auf. Speziell Trump-Unterstützer, die viel Zeit auf Facebook verbringen, kamen in sechs von zehn Fällen mit Fake News in Kontakt (62,4 Prozent). „Unsere Ergebnisse liefern den bisher triftigsten unabhängigen Beleg, dass Facebook ein zentraler Faktor in der Verbreitung von Fake News war", notieren die Wissenschaftler Brendan Nyhan, Jason Reifler und Andy Guess.[12]

Dieses Ergebnis ist beunruhigend, da viele Bürger soziale Medien als Nachrichtenquelle benutzen. In den USA sind es 51 Prozent, in Österreich und der Schweiz je 45 Prozent und in Deutschland 29 Prozent (die Deutschen sind hier vergleichsweise zurückhaltend), dies geht aus dem „Digital News Report 2017" des Reuters Institute der Universität Oxford hervor.[13]

Der bisherige Forschungsstand legt nahe: Wir müssen wahrlich keine Angst haben, dass jeder Bürger nur noch Desinformation konsumiert – selbst die USA scheinen von einer solchen Dystopie weit entfernt, viele Internetnutzer informieren sich durchaus ausgewogen. Sehr wohl aber gibt es ein messbares Problem, wonach eine Nische in der Bevölkerung ein besonders einseitiges Mediennutzungsverhalten zeigt und auch umso anfälliger für Falschmeldungen ist. Das ist keine gute Ausgangslage für Wahlen.

Wobei eines wichtig ist: Nicht bei jeder Wahl treten automatisch solche unbehaglichen Phänomene zutage. Die Bundestagswahl 2017 in Deutschland war zum Beispiel insgesamt eher unspektakulär – vereinzelt gab es Fälschungen und

2. Desinformation und ihre gesellschaftlichen Risiken

irreführende Behauptungen, aber sie haben keine so enorme Sichtbarkeit erlangt wie bei anderen brutaler umkämpften Wahlen.[14] Es gibt meines Erachtens zwei Faktoren, die solche unfairen Methoden eher begünstigen: Erstens die allgemeine Polarisierung im Land. Je gespaltener eine Gesellschaft – und dementsprechend auch erhitzter die öffentliche Debatte – ist, desto eher entsteht ein Nährboden, auf dem auch groteske Behauptungen über das andere Lager gut gedeihen können. Die Bundestagswahl 2017 bot wenig Nährboden, weil sich früh der Eindruck erhärtete, dass Angela Merkels CDU wohl klar die Abstimmung gewinnen würde. Am emotionalisierendsten war wohl noch die Frage, ob und mit wieviel Prozentpunkten die rechtspopulistische AfD in das Parlament kommen würde (was ihr letztlich sogar mit einem zweistelligen Ergebnis gelang). Meine zweite These ist, dass gerade Wahlen mit einer binären Auswahl Polarisierung begünstigen und dann auch für unfaire Meinungsmache anfällig sind – ich meine damit Wahlen, bei denen Bürgern nur zwei Optionen zur Verfügung stehen. Wir erleben solche Situationen in Zwei-Parteien-Systemen wie den USA, bei Volksabstimmungen oder bei Stichwahlen zwischen Präsidentschaftskandidaten – hierbei können Bürger nur zwischen zwei Kandidaten oder zwischen Ja und Nein wählen. Solche Phasen begünstigen mitunter eine Trennung der Gesellschaft in zwei Lager. Zumindest waren auffällig viele Wahlkämpfe, in denen einzelne Falschmeldungen deutlich sichtbar wurden, binäre Abstimmungen: Darunter die US-Wahl 2016, die Präsidentschaftswahlen 2016 in Österreich und das Referendum in Italien 2016. Gerade bei Wahlkämpfen zwischen nur zwei politischen Lagern werden oft gesellschaftliche Bruchlinien besonders deutlich. Eine der größten Gefahren von

2. Desinformation und ihre gesellschaftlichen Risiken

Falschmeldungen ist, dass sie ohnehin schon existierende Bruchlinien in der Gesellschaft weiter vergrößern.

Das führt mich zu einem weiteren Aspekt, der die Desinformation so unbehaglich macht: Einzelne Falschmeldungen sind darauf ausgerichtet, die Grundpfeiler unserer Demokratie ins Wanken zu bringen. Einerseits ist ein Teil der Falschmeldungen antidemokratisch, mit erfundenen oder aufgebauschten Behauptungen wird das Misstrauen in Wahlen geschürt. Und andererseits zielen einige Falschmeldungen darauf ab, die Wut gegenüber einzelnen Minderheiten zu nähren – und sie begünstigen letztlich die „gruppenbezogene Menschenfeindlichkeit", bei der einzelne Bevölkerungsgruppen abgewertet werden. Schlimmstenfalls fördern solche Falschmeldungen sogar eine Entfremdung zu demokratischen Grundwerten, zumindest in jenem kleinen Teil der Bevölkerung, der diese Geschichten liest und aktiv teilt.

In etlichen Ländern finden Sie beispielsweise solche Behauptungen, dass Wahlen gefälscht seien. Nicht nur Donald Trump verbreitet solche Thesen auf Twitter, ohne einen Beleg dafür zu bringen.[15] Erinnern Sie sich kurz an die erfolgreichste Meldung in sozialen Medien zum italienischen Referendum. Dieser erfundene Text behauptete, 500.000 ausgefüllte Stimmzettel seien vor der Wahl entdeckt worden. Ein Sizilianer wäre mit seinem Hund Gassi gegangen, hätte Säcke voll mit solchen Zetteln gefunden und den Behörden gemeldet. Im Text heißt es auch: „Shock ed incredulità tra i cittadini del luogo per il ritrovamento che e' stato fatto oggi dalla sezione Polizia elettorale." Auf Deutsch: „Schock und Fassungslosigkeit unter den Bewohnern des Ortes aufgrund dessen, was die Abteilung für Wahlprüfung der Polizei

2. Desinformation und ihre gesellschaftlichen Risiken

entdeckt hat."[16] Die erfolgreichste Meldung zum Referendum ließ Italiener also daran zweifeln, ob sie dem Wahlergebnis überhaupt trauen können.

Auch in Deutschland kursieren Gerüchte über angebliche Stimmbetrug. So berichtet ein Blog namens „Der Wächter": „Studie beweist: Wahlfälschung in Deutschland keine Ausnahme, sondern die Regel!" Der Titel ist falsch, der Text insgesamt irreführend: Zwar wird darin eine reale Studie zitiert, nur die zentrale Erkenntnis der Untersuchung falsch wiedergegeben. Die Politikwissenschaftler Achim Goerres und Christian Breunig haben ungeheuerliche Datenmengen ausgewertet. Mit mathematischen Berechnungen suchten die Wissenschaftler nach statistischen Indizien für mögliche Unregelmäßigkeiten – einen großen Wahlbetrug fanden sie dezidiert nicht. Ich kontaktierte beide Studienautoren, was sie von dem alarmistischen Blogeintrag des „Wächters" halten. Ihr Urteil: „Völlig falsche Wiedergabe". Doch diese „völlig falsche Wiedergabe" ihrer Studie, die Misstrauen in die deutsche Demokratie nährt, erzielte 31.000 Interaktionen auf Facebook und war damit erfolgreicher als viele ausgewogene und korrekt recherchierte Geschichten.[17]

In Österreich kennen wir Spekulation über angeblich manipulierte Wahlen auch gut – während der Bundespräsidentschaftswahlen 2016 kursierten etliche wilde Gerüchte auf Facebook, und die Rechtspopulisten der FPÖ stilisierten sich als Opfer.[18] Tatsächlich hob der Verfassungsgerichtshof (VfGH) einen Wahlgang wegen Schlampereien und Rechtswidrigkeiten in einzelnen Wahlbehörden auf. Allerdings hielten die Höchstrichter ausdrücklich fest, dass „keiner der von ihnen einvernommenen Zeugen Anhaltspunkte für tatsächliche Manipulationen wahrgenommen hat".[19] Einige

Facebook-Nutzer ließen sich von der Einschätzung der Richter damals nicht beeindrucken, sie posteten Sätze wie: „Wahlbetrug mitten in Europa! Darum geht es hier! Eine einzige Schande!!!" Und wenn andere Bürger dem widersprachen, wurde ihnen beispielsweise ausgerichtet: „ich finde es traurig, dass es immer noch so viele gibt wie dich, die von den Medien erfolgreich manipuliert werden."[20]

Viele politische Falschmeldungen nähren also Zwietracht und Unbehagen in unserer Gesellschaft: Indem eine große Verschwörung der „Altparteien"/Elite/Medien gegen „das Volk" insinuiert wird oder indem Randgruppen als Gefahr für das eigene Wohlergehen oder als Konkurrenz dargestellt werden, beispielsweise indem es heißt, diese Randgruppen würden angeblich mehr Mittel vom Staat erhalten.

Ich habe mir zum Beispiel angesehen, was die erfolgreichsten Meldungen zum Thema „Flüchtlinge" auf Facebook im Jahr 2017 waren – erfasst wurden mittels dem Analysetool Buzzsumo jene Beiträge, die besonders viele Likes, Kommentare und Shares (also Interaktionen) hatten. Hier ist die Übersicht der fünf erfolgreichsten Texte aus einem ganzen Jahr:

1. 700 Euro Weihnachtsgeld für Flüchtlinge (erschienen auf: nachrichten.de.com, 180.000 Interaktionen)
2. „Flüchtlinge sind bei uns unerwünscht!": AfD will Alice Weidel aus Partei ausschließen (erschienen auf: der-postillon.com, 66.000 Interaktionen)
3. Barcelona: 160.000 Spanier demonstrieren für Aufnahme von Flüchtlingen (erschienen auf: zeit.de, 55.000 Interaktionen)
4. Baden-Württemberg: Flüchtlinge machten offenbar mehrfach Urlaub in Heimatländern (erschienen auf: welt.de, 52.000 Interaktionen)

2. Desinformation und ihre gesellschaftlichen Risiken

5. Italien: „Flüchtlinge" führen blutigen Krieg gegen Militär und Polizei – Mafia liquidiert 120 Afrikaner (erschienen auf: anonymousnews.ru, 50.000 Interaktionen)

Die erfolgreichste Meldung in diesem Ranking, wonach Flüchtlinge 700 Euro zu Weihnachten bekämen, ist erfunden: Bei der Adresse nachrichten.de.com handelt es sich um eine Fake-Seite, auf der Nutzer anonym Artikel erfinden können. In der Selbstbeschreibung heißt es: „Alle Witz dieser Seite sind frei erfunden und fiktiv, es ist alles nur Spaß!"[21] Wobei der angebliche „Spaß" für viele User nicht erkennbar war, die diese Meldung ernst und erbost kommentierten und teilten.

Unter diesen Top-fünf-Meldungen zu Flüchtlingen sind insgesamt drei falsch oder umstritten: Platz eins ist eine Erfindung[22]; Platz vier ist umstritten, weil hierzu harte Zahlen fehlen, was zum Beispiel „ZDF" aufzeigte[23]; Platz fünf ist irreführend, beispielsweise gab es keine Ermordung von 120 Afrikanern.[24] Die Webseite anonymousnews.ru, die auf Platz fünf landete, ist ein außerdem eine herausragend unseriöse Quelle, die regelmäßig Falschmeldungen und Verschwörungstheorien verbreitet.

Dass eine Erfindung zum Thema Flüchtlinge an erster Stelle auf Facebook landet und dort somit erfolgreicher ist als jede andere Meldung zu Flüchtlingen aus dem Jahr 2017, erscheint mir schon besorgniserregend. In den Kommentaren zu diesem Text quillt der Zorn hervor: „Die sollen zurück ins heimatland gehen die dreckschweine !!danke frau merkel die dürfen hier morden und werden noch nicht mal bestraft supper echt geil ich kotz gleich", schreiben Nutzer. Oder:

„Kann mal einer die Alte aufhalten. Bei sowas wünsche ich mir die RAF zurück!"[25]

Ich bezweifle, dass Falschmeldungen der Grund sind, warum so viel Wut gegenüber Flüchtlingen in unserer Gesellschaft sichtbar ist – das wäre eine zu simple Erklärung. Aber Falschmeldungen heizen das ohnehin schon brisante Klima zusätzlich an.

Aktuell werden auch menschenverachtende Narrative sichtbar, die in den vergangenen Jahrzehnten bewusst zurückgedrängt worden waren – darunter klar antisemitische Theorien, bei denen einzelne Juden als Sündenbock desavouiert werden. Das offensichtlichste Beispiel ist US-Milliardär George Soros, dessen Stiftung auch Bürgerrechtsorganisationen und Flüchtlingshelfer in Osteuropa unterstützt. Soros wird nicht nur von Rechten in Osteuropa verunglimpft, auch im deutschsprachigen Raum ist er Opfer unseriöser Behauptungen. Das verschwörungstheorielastige Blog noch.info schreibt über ihn: „Der Plan von George Soros gehackt: Seine organisierte Flüchtlings-„Krise" basiert auf Bestechung und Täuschung". Zu Beginn der Meldung heißt es prompt: „Geld regiert die Welt. Niemand weiß das besser als Rothschild-Agent George Soros."[26] Das rechte Magazin „Compact" titelte wiederum: „George Soros und sein 7-Punkte-Plan für den Volksaustausch". Nutzer posten dann Sätze wie: „Man sollte noch darauf hinweisen, dass der Soros auch nur der Laufbursche des Rothschild-Clans ist." Oder: „Typisch! Soros ist Jude und fordert die systematische Ausrottung des deutschen! Fordere mal weiter, mal sehen wer dann ausgerottet wird!!!"[27] Und wer in flüchtlingskritischen Facebook-Gruppen mitliest, sieht Bildmontagen, die Soros beispielsweise als Marionettenmeister zeigen, der unterschiedliche politische

2. Desinformation und ihre gesellschaftlichen Risiken

Akteure insgeheim lenkt – ein klassisch antisemitisches Sujet. Perfide an derartigen Unterstellungen ist, dass George Soros 1930 in Budapest geboren wurde und mit großem Glück den Nationalsozialismus überlebte.

Nun, mehr als 70 Jahre später, muss er miterleben, wie anhand seiner Person einmal mehr Verschwörungstheorien über die jüdische Weltherrschaft verbreitet werden. Es handelt sich zum Glück wohl nur um einen kleinen Teil unserer Gesellschaft, der mit solch verhetzendem Material online öfters in Berührung kommt, aber selbst innerhalb einer Nische ist ein solches Gedankengut gefährlich. Falschmeldungen sind leider auch ein Vehikel, um sehr extreme und demokratiezersetzende Ideen zu vermitteln.

– 3 –
EINE TYPOLOGIE DER IRREFÜHRUNG

In der Debatte über Falschmeldungen im Netz heißt es manchmal: Fake News hätte es immer schon gegeben, auch in der Politik sei immer schon gelogen worden. Warum also all die Aufregung?

Mir behagt dieses Argument nicht, denn es blendet aus, dass es historische Hochphasen der politischen Verblendung und der Hetze basierend auf Fehlinformation gegeben hat. Das dunkelste Kapitel unserer Geschichte ist geprägt von Verschwörungstheorien über eine Bevölkerungsgruppe, die letztlich sogar „vernichtet" werden sollte – ein Genozid, der auch basierend auf gefälschten Dokumenten gerechtfertigt wurde. In meinem letzten Buch „Hass im Netz" habe ich ausführlich die Rolle der „Protokolle der Weisen von Zion" besprochen: Ein erfundenes Werk, das Anfang des 20. Jahrhunderts als Beleg für die vermeintliche jüdische Weltverschwörung dienen sollte und das die Nationalsozialisten als Ausrede für ihre Massenmorde nutzten.[28]

Wenn wir etwas aus der Geschichte lernen können, dann wohl, dass politisch motivierte Falschmeldungen absolut ernst zu nehmen sind. Sowohl in Phasen, in denen ideologischer Extremismus erstarkt, als auch in Zeiten, in denen billige neue Verbreitungstechnologien aufkommen, tritt Irreführung deutlich sichtbar auf. Als im 19. Jahrhundert moderne Druckmaschinen erfunden wurden, die die Massenherstellung günstiger Boulevardblätter ermöglichten, kam es zu einer Welle absurder Meldungen. Der „New York Herald" veröffentlichte 1874 einen ausführlichen Bericht, dass wilde Tiere aus dem städtischen Zoo ausgebrochen wären

3 Eine Typologie der Irreführung

und Dutzende Menschen umgebracht hätten – alles völlig erfunden.[29] Wir leben in einer Zeit, in der Populisten mit harter Rhetorik Zulauf erleben, als auch in der das Internet die Verbreitung von falschen und richtigen Behauptungen einfacher und billiger gemacht hat denn je. Beides sind gute Voraussetzungen für die Zunahme einseitiger bis völlig unseriöser Information.

In meinen Augen sind Fake News – also zu hundert Prozent erfundene Meldungen – nur die Spitze des Eisbergs. Darunter liegt ein riesiges Terrain von ebenfalls unseriöser, aber teils auf realen Begebenheiten aufbauender Fehlinformation.

Nehmen wir das Beispiel, das ich zu Beginn dieses Buchs brachte. Auf Facebook kursierte die Meldung, „‚Merkel hofft auf 12 Millionen Einwanderer'". Der Text behauptete: „Man muss es heute schon aus britischen Medien erfahren: Es gibt ein geheimes Papier der deutschen Bundesregierung, welches die Masseneinwanderung nach Deutschland feiert." In diesem Fall wurde eine reale Information aufgegriffen – aber komplett verdreht. Die deutsche Bundesregierung hatte ein Expertenpapier erstellen lassen, das die weitere Bevölkerungsentwicklung prognostiziert. Unterschiedliche Szenarien wurden berechnet, auch eines, das mit einer sehr hohen Zuwanderung kalkuliert: In dem Fall könnten 300.000 Einwanderer pro Jahr nach Deutschland kommen. In dem Artikel der rechten Webseite „Wochenblick" wird einfach dieses hohe Szenario genommen – und bis zum Jahr 2060 durchgerechnet. Wenn 40 Jahre lang wirklich 300.000 Menschen pro Jahr nach Deutschland kämen, dann würde am Ende die Summe von 12 Millionen Einwanderern herauskommen. Die Meldung hat somit einen realen Kern,

3. Eine Typologie der Irreführung

nur ist es ziemlicher Unsinn, dass die deutsche Regierung auf solch ein Szenario „hofft" – wie dies einfach behauptet wird. Außerdem ist es absolut falsch, dass deutsche Medien diesen Bericht verschwiegen hätten: Tatsächlich haben deutsche Medien wie der „Spiegel", die „Rheinische Post", der „Focus", die „Welt" schon mehr als ein Monat zuvor über dieses offizielle Dokument berichtet. Das Papier heißt „Demografiepolitische Bilanz", und jeder Internetuser kann es sich auf der Webseite demografie-portal.de herunterladen. Es ist dementsprechend Unsinn, dass es „geheim" sei.

Wir sehen hier, wie Irreführung in der Vielzahl der Fälle funktioniert: Nicht etwas Neues wird erfunden, häufig wird etwas Reales aus dem Kontext gerissen und verzerrt. Wenn wir ernsthaft über unfaire Meinungsmache im Netz sprechen wollen, sollten wir nicht nur fingierte Fake News betrachten, sondern auch subtilere Formen der Beeinflussung.

Deswegen gibt es auch jene Experten, denen der Begriff Fake News zu simpel erscheint. Eine von ihnen ist die Britin Claire Wardle, sie meint: „Dieses Wort liefert eine schlechte Beschreibung: ‚Fake News' macht nicht verständlich, wie breit die Landschaft der Fehlinformation und Desinformation ist."

Claire Wardle ist anerkannte Fachfrau auf diesem Gebiet und Direktorin der Non-Profit-Organisation „First Draft", die Journalisten über Fälschungen aufklärt. Sie hat eine eigene Typologie von missverständlichen bis manipulativen Beträgen im Netz erstellt, die einen guten Überblick über dieses breite Spektrum bietet. Passend zu ihrer Typologie liefere ich, in Absprache mit ihr, Beispiele aus dem deutschsprachigen Raum, die zeigen, wie unterschiedlich irreführende Inhalte sein können:

3. Eine Typologie der Irreführung

Typ 1: *Satire oder Parodie – Inhalte wurden nicht erstellt, um Schaden zu verursachen, können aber irreführend sein.*

Immer wieder verstehen erzürnte Internetnutzer nicht, dass etwas eine Persiflage ist. „Hier passiert keine böswillige Täuschung, aber trotzdem fallen Menschen auf solche Geschichten herein und halten sie dann für wahr", sagt Wardle. Es ist noch der harmloseste Typus in ihrer Übersicht. Ein Beispiel: Am 30. März 2017 postet das Satire-Portal „Der Postillon" eine Meldung: Man sieht Emojis, denen ein Kopftuch aufgesetzt wurde. Dazu die Titelzeile: „Saudi-Arabien zwingt WhatsApp, Emojis zu verschleiern". Zigtausende Nutzer waren begeistert, manche aber hielten das für die Wahrheit. Eine Userin empörte sich: „Das ist doch schon echt krank. Kriegen Araber eine Erregung, wenn sie ‚unverschleierte' Emojis sehen, oder was?! Die sollten sich zunächst einmal therapieren lassen."[30]

Typ 2: *Falsche Verknüpfungen – Überschriften, visuelle Inhalte oder Bildunterschriften stimmen nicht mit dem Inhalt überein.*

Typ 2 findet sich auch im klassischen Journalismus: Ein Titel oder die Bebilderung verspricht mehr, als der Inhalt hält. Am 8. November 2016 veröffentlichte die „Kronen Zeitung" die Meldung: „Grüne gegen Christbaum: ‚Unzeitgemäßes Ritual'."[31] Als Symbolfoto wird das Wiener Rathaus mit Baum davor gezeigt. Im Text wird erklärt, worum es wirklich geht: Die Geschichte betrifft nicht Österreich, obwohl für Einwohner deutlich erkennbar Wien abgebildet ist. Genau genommen schlagen die Grünen in Düsseldorf vor, keine Bäume mehr zu fällen, sondern eine lebende Tanne zu schmücken. Es stimmt dementsprechend nicht, dass

"Grüne gegen Christbaum" seien. Doch diese Details fallen vielen Nutzern nicht auf, sie schreiben Sätze wie: "Österreich ist ein CHRISTLICHES Land in dem Weihnachten, genauso wie der Christbaum zum brauch gehört."[32] Auch manch etablierte Zeitungen spitzen gern im Titel gehörig zu – und profitieren von der übertriebenen Aufregung mit Klicks.

Typ 3: *Irreführende Inhalte – Informationen, die auf irreführende Weise verwendet werden, um einem Thema oder Individuum etwas anzuhängen.*

Eine besonders häufige Variante: Oft stimmt der Kern einer Geschichte, es wird aber zu viel hineingedeutet. Im August 2016 behauptet der Kopp Verlag auf seiner Webseite: "Tief in der Nacht: Bundesregierung schleust Flüchtlingsmassen über Flughäfen ein". Bei "Nacht und Nebel" würden "Charterflug um Charterflug an deutschen Flughäfen" landen, auch seien diese Flüge nicht ordnungsgemäß angeschrieben.[33] Zitat: "Auf den Anzeigetafeln am Flughafen steht unter Zielort bloß ‚Unbekannt'". Ein Teil stimmt: Im Sommer kommt es vermehrt zu Flugverkehr und Nachtflügen – Urlaubende nehmen etwa solche Deals, um möglichst lange am Ausflugsziel bleiben zu können. Falsch ist, dass diese Flüge verschleiert würden: Diese Verbindungen sind am Flughafen normal angeschrieben und auf Webseiten wie flightradar24.com einsehbar. Zwar stimmt ein Teil der Information, aber zusätzlich dazu werden nicht belegte Unterstellungen verbreitet. Auch das Beispiel des "Wochenblicks", wonach Merkel auf 12 Millionen Einwanderer "hofft", fällt unter diese Kategorie.

3. Eine Typologie der Irreführung

Typ 4: *Falsche Zusammenhänge – authentische Inhalte, die mit falschen Informationen in Zusammenhang gesetzt und weiterverbreitet werden.*

Oft wird mit schockierenden Bildern gearbeitet, die aber uminterpretiert werden. Nach den sexuellen Übergriffen der Silvesternacht in Köln kursierte Anfang 2016 ein erschütterndes Foto. Der dazugehörige Online-Artikel behauptete, dass eine 75-jährige Schwedin von „muslimischen Flüchtlingen" vergewaltigt worden sei. Das Bild zeigte eine ältere Frau, die brutal zugerichtet worden war, ihr Auge war geschwollen, Blut rann das Gesicht herab. Doch das Foto war aus dem Kontext gerissen worden – wie die Faktenchecker-Seite Mimikama.at aufklärte. Tatsächlich sah man ein Verbrechen aus Südafrika. Eine ältere Frau war in ihrem Zuhause überfallen und niedergeschlagen worden. Mit Flüchtlingen oder Europa hatte das Foto nichts zu tun.[34]

Typ 5: *Betrügerische Inhalte – Quellen, die lediglich vorgeben, authentisch zu sein.*

Bei einigen Fälschungen werden etablierte Medien nachgeahmt oder staatliche Institutionen imitiert. Vor der Bundestagswahl 2017 kursierte auf Facebook ein gefälschtes Dokument, das suggerierte, die Polizei in Nordrhein-Westfalen solle Straftaten von Flüchtlingen verschweigen. Hierfür wurde die Signatur und der Briefkopf von Innenminister Herbert Reul nachgestellt, der oder die unbekannten Fälscher gaben sich also als der CDU-Politiker aus. Schließlich warnte sogar das Ministerium auf Twitter vor diesem „frei erfundenen Schriftstück".[35]

Im österreichischen Präsidentschaftswahlkampf 2016 wiederum wurden Aufkleber in Wien im öffentlichen Raum verbreitet, die wie Wahlwerbung der rechtspopulistischen FPÖ aussehen sollte: Auf den Stickern stand etwa: „Araberschuft, halt dich fern! An dieser Universität werden nur A(ust)RIER geduldet!"[36] Daneben waren das Parteilogo und das Foto des Spitzenkandidaten zu sehen. Bürger fielen auf die Fälschung hinein und verbreiteten das empört im Netz. Die FPÖ zeigte diese Fälschungen an – man sieht hier, dass einige Trickserei auch außerhalb des Web losgehen.

Typ 6: *Überarbeitete Inhalte – authentische Inhalte oder Bilder, die – mit der Absicht zu täuschen – überarbeitet wurden.*

Manche Fälschungen halten sich hartnäckig: Immer wieder laden rechte Nutzer das Foto zweier spärlich bekleideter Mädchen hoch. Die eine ist dick und barbusig, die andere trägt ein „Refugees welcome"-Schild in der Hand. Im Hintergrund ist eine Antifa-Fahne zu sehen. Die Szene wirkt, als zeige sie eine Demonstration der Antifaschistischen Aktion. Online erntet das Bild wütende Worte wie: „Können sich nicht die stinkenden Antifa Fotzen von den Negern decken lassen? Die können doch meistens so wie so nichts anderes und ein Deutscher traut sich wegen ihrer abstoßenden Häßlichkeit auch nicht ran." Allerdings ist das Foto eine Fälschung: Sowohl das „Refugees welcome"-Schild als auch die Antifa-Fahne wurden hineinmontiert. Die Rechercheplattform Mimikama hat dies aufgedeckt.[37]

Gewisse Bildmanipulationen sollen hingegen gar nicht täuschen, sondern untergriffig sein: Nachdem die AfD-Funktionärin Beatrix von Storch „getortet" worden war (also ihr jemand eine Torte ins Gesicht geworfen hatte), tauchte im Frühjahr 2016 eine Fotomontage auf: Man sah die Politikerin

3. Eine Typologie der Irreführung

mit angepatztem Gesicht, rund um sie standen onanierende Männer. Das Bild sollte suggerieren, dass die Politikerin an einer „Bukake-Party" teilgenommen hätte – dabei ejakulieren mehrere Männer auf eine Frau. Diese Collage hatte ein Linker aus Rheinland-Pfalz hochgeladen und nach Kritik wieder gelöscht. Es handelt sich hier nicht wirklich um Irreführung, weil der Bildbetrug leicht erkennbar ist. Diese Bildfälschung aus dem linken Spektrum zeigt den ungeheuren Sexismus, den Politikerinnen aller Couleurs erleben.[38]

Typ 7: *Erfundene Inhalte – neue Inhalte, die überwiegend falsch sind und mit der Absicht erstellt wurden, zu täuschen oder Schaden anzurichten.*

Die extremste Kategorie der Übersicht von Claire Wardle: Aus ideologischen oder ökonomischen Gründen werden ganze Artikel erfunden – im erhitzten US-Wahlkampf wurden unter anderem mazedonische Teenager bekannt, die Fake News weiterverbreitet hatten, um wütende Amerikaner auf die eigene Webseite zu locken und an der Online-Werbung kräftig zu verdienen.[39] In Deutschland, Österreich und der Schweiz ist pure Erfindung kein dermaßen großes Geschäftsmodell – auch weil der deutsche Sprachraum kleiner ist. Eine krasse Fehlinformation auf Englisch kann leichter ein riesiges Publikum erreichen. Außerdem ist der Persönlichkeitsschutz in den USA nicht so stark ausgeprägt wie in deutschsprachigen Ländern, Betroffene können rufschädigende Falschmeldungen bei uns leichter klagen.

Allerdings gibt es auch hierzulande frei erfundene Geschichten: Wie schon berichtet, war im Jahr 2017 die Meldung überaus erfolgreich, wonach Flüchtlinge 700 Euro Weihnachtsgeld vom deutschen Staat erhalten. Mehr als

3. Eine Typologie der Irreführung

180.000 Mal likten, teilten oder kommentierten User diese Geschichte von nachrichten.de.com. Wer allerdings auf dieser Webseite ganz nach unten scrollt, liest dort, es handle sich um „eine Internetseite die zur Unterhaltung dient, die falschen Witz werden von unseren Usern verfasst". Tatsächlich kann jeder Internetnutzer dort Erfundenes verbreiten – und auch wenn sich diese Seite als „Witz"-Portal tarnt, sind viele der dort erfolgreichen Geschichten nicht sonderlich lustig, sondern machen teils wütend. Der Verdacht liegt nahe, dass ein Teil dieser Meldungen nicht aus humoristischer, sondern mit böser Absicht verbreitet wird.

Komplett erfunden werden auch gerne Zitate: Man sieht das Foto eines Politikers, und ebenfalls auf dem Bild eine vermeintliche Aussage der Person. Angela Merkel wurde nach dem Terroranschlag von Paris zugeschrieben: „Wir sollten solche Attentate wie in Paris nicht als Islamhass ausschlachten, sondern als einen Teil unseres Lebens akzeptieren, um die Integration unserer muslimischen Mitbürger nicht zu gefährden".[40] Dem SPD-Politiker Martin Schulz wurde das Zitat angedichtet: „Solche desaströse Wahlergebnisse, wie in den USA kommen nur dann zustande, weil man anstatt der Elite, welche den Überblick hat, den Pöbel an die Wahlurne lässt. Und genau diese Gefahr besteht auch für Europa, weil die Rechtspopulisten zunehmend an Land gewinnen."[41] Diese Beispiele hat ein notorischer Internetnutzer verfasst, der für aggressive Postings und erfundene Zitate bekannt ist. In beiden Fällen ergänzte er in kleiner Schrift auch noch den Hinweis, dass es sich hier um Satire handle. Wobei solch unauffällige Hinweise vielen Nutzern anscheinend nicht auffallen – und sie regen sich über solch abstruse Zitate auf, als wären diese real.

– 4 –

SOZIALE MEDIEN ALS DRAMA-MASCHINE

Warum funktionieren Falschmeldungen so gut? Betrachten wir noch mal jene erfundene Geschichte, wonach Flüchtlinge zu Weihnachten 700 Euro vom Staat bekämen. Auf Facebook war das ein voller Klickerfolg und sogar der erfolgreichste Artikel im Jahr 2017 über Flüchtlinge. Ich hege den Verdacht, dass Wut hier ein zentraler Erfolgsfaktor ist: Solche Geschichten bringen Menschen in Aufruhr – und zum Klicken.

Ein kluger Satz aus dem Englischen: „Angry people click more." Wütende Menschen klicken mehr. Und tatsächlich wird es zunehmend zu einem Problem für unsere digitale Debatte, dass das Hervorrufen von Wut oftmals effektiv ist und jene Webseiten oder jene Politiker, die bei ihren Fans oder Lesern solche Aufregung schüren, beeindruckende Zugriffszahlen haben. Im schlimmsten Fall verstärkt boulevardesk ausgerichtete Software die Sichtbarkeit dieses starken Gefühls noch.

Gehen wir einmal auf Wut als gesellschaftlich relevante Emotion ein: „Wut ist die Reaktion auf eine Sache, die ein gewünschtes Ziel vereitelt oder erschwert, insbesondere dann, wenn der Angreifer identifizierbar ist und als ungerecht wahrgenommen wird. […] Vielleicht am wichtigsten ist, dass man davon ausgeht, dass Wut die Inhalte des Denkens beeinflusst. Wut führt eher zum Wunsch nach strafenden Maßnahmen […], eine potenziell einflussreiche Reaktion in der politischen Arena. Diese nachgelagerten Effekte erklären zum Teil, warum das Auslösen von Wut die Wahrscheinlichkeit erhöht, dass ein Individuum eher einem Handelnden die Schuld für etwas geben wird als den situationsbedingten

4. Soziale Medien als Drama-Maschine

Besonderheiten […] und warum wütende Menschen eher weniger zu selbstlosem Verhalten neigen", schreiben die amerikanischen Politologen Travis Ridout und Kathleen Searles über den aktuellen Forschungsstand.[42]

Es wäre falsch, Wut prinzipiell zu verteufeln: Gerade gesellschaftlicher Umbruch passiert oft, weil Menschen zu Recht wütend sind, weil Afro-Amerikaner es nicht mehr einsehen wollen, dass sie wie Menschen zweiter Klasse behandelt werden, oder weil Arbeiter genug haben, bis zur Erschöpfung zu schuften, ohne davon wirklich leben zu können. Wut ist häufig notwendig, um etwas wirklich zu bewegen.

Das ist eine besondere Stärke dieser Emotion: Sie aktiviert Menschen. Unbehaglich wird es dann, wenn Wut gezielt über benachteiligte Minderheiten geschürt und damit ein neuer Sündenbock kreiert wird, oder auch, wenn in erster Linie Empörung erregt wird, um Aufmerksamkeit zu erheischen. Wie gut sich Wut als Taktik im Netz eignet, zeigt die Forschung:

Der Politologe Timothy Ryan von der University of North Carolina at Chapel Hill führte dazu eine spannende Untersuchung durch. Er schaltete auf Facebook Anzeigen, die Fans des damaligen Präsidenten Barack Obama ansprechen sollten. „Ich löste zwei verschiedene Emotionen aus: Zum einen Wut, zum anderen Besorgnis. Drittens gab es auch noch eine Kontrollgruppe, sie bekam eine neutrale Meldung eingeblendet", erklärte mir Ryan. In einem dieser Experimente ging es um Obamas Gesundheitsreform, die Republikaner massiv einschränken wollten. Facebook-Fans von Obama bekamen drei unterschiedliche Inserate eingeblendet: Ein Teil sah eine geballte Faust und dazu den

4. Soziale Medien als Drama-Maschine

Satz: „Wütend? Die Republikaner blockieren die Gesundheitsreform. Hier findest du Fakten, um deine Gesundheit zu schützen." Ein anderes Sujet sollte Sorge auslösen: Die Nutzer sahen einen Chirurgen mit Skalpell in der Hand, dazu hieß es etwa: „Besorgt? Die Republikaner blockieren die Gesundheitsreform. Hier findest du Fakten, um deine Gesundheit zu schützen." Die Kontrollgruppe wiederum erhielt eine recht nüchterne Meldung: Neben einem Bild des Kapitols in Washington stand: „Gesundheitswesen. Hier findest du Fakten, um deine Gesundheit zu schützen."[43]

„Ja, es stimmt: Wut bringt Menschen zum Klicken", sagt Ryan zu seiner Studie. In drei Experimenten hat sich gezeigt: Wütend machende Inserate hatten mehr als doppelt so viele Zugriffe wie die neutrale Botschaft. Die besorgniserregende Einschaltung wiederum hatte in dieser Untersuchung keinen so stark aktivierenden Effekt. Ryan hält fest: „Das bekräftigt eindeutig die Idee, dass Politiker einen starken Anreiz haben, emotional aufgeladene Kommunikation zu verwenden."

Nun stellt sich die Frage: Ist Wut die erfolgreichste Emotion oder sind Gefühle generell ein Klickmotor im Netz? Das untersuchten die Wissenschaftler Jonah Berger und Katherine Milkman. Sie analysierten, welche Beiträge der renommierten „New York Times" am häufigsten per Mail versendet wurden. Die „Times" bietet auf der Webseite auch die Funktion, dass man Artikel direkt von dort weitermailen kann. Das Forscher-Duo wertete rund 7.000 Artikel aus, die zwischen August und November 2008 auf der Homepage erschienen waren, und analysierten ihre „Viralität" – also wie stark die Information verbreitet wurde.

4. Soziale Medien als Drama-Maschine

Auf den ersten Blick geben die Ergebnisse Hoffnung: Positive Inhalte wurden am stärksten viral, und speziell Meldungen, die erfreutes Staunen auslösen, wurden besonders oft viral verbreitet. Das waren zum Beispiel wissenschaftliche Texte mit Neugier weckenden Titeln wie: „Die Möglichkeit und Mächtigkeit der RNA."[44]

Nur fand ein weiterer Aspekt dieser Studie leider weniger Beachtung: Wut schnitt auch sehr gut ab. Gerade sogenannte „Hoch-Erregungs-Emotionen" wurden geteilt – dazu zählten Staunen, Wut und Sorge. Berger, einer der Studienautoren und mittlerweile Professor an der Wharton Business School, erklärte mir: „Artikel, die Wut auslösten, hatten eine 34 Prozent höhere Wahrscheinlichkeit, auf die Liste der meistversendeten Artikel zu kommen." Er hat mittlerweile ein Buch zur Infektiosität von Emotion verfasst: „Contagious" („Ansteckend"). Sowohl offline als auch online gelte: „Menschen teilen nicht einfach Information – je mehr Emotion ein Inhalt hervorruft, desto wahrscheinlicher wird seine Verbreitung. Auch falsche Behauptungen werden geteilt, wenn sie die richtigen Emotionen auslösen." In der Praxis hat das weitreichende Auswirkungen – auch für digital geführte Wahlkämpfe: Wut zu schüren und mit nicht ganz richtigen Behauptungen zu hantieren, kann eine beeindruckend erfolgreiche Strategie sein. Ein Paradebeispiel hierfür ist Donald Trump.

Drei Wochen vor der Wahl postete Trumps offizielle Facebook-Fanpage: „Die Wahl ist manipuliert von den Medien – in einem koordinierten Vorgehen mit der Clinton-Kampagne, indem sie Geschichten in die Nachrichten bringen, die nie passiert sind."[45] Allein diese Behauptung erhielt 121.000 Likes, wurde 10.000-mal geteilt und

4. Soziale Medien als Drama-Maschine

11.000-mal kommentiert. Generell erzielte Trump online extrem viele Reaktionen: Der Informatiker Patrick Martinchek analysierte vier Millionen Facebook-Beiträge im Wahlkampf, darunter auch Postings der offiziellen Accounts von Clinton und Trump. Es zeigte sich, dass Trumps Beiträge 57 Prozent mehr Kommentare, 36 Prozent mehr Likes und 34 Prozent mehr Shares bekamen – also wesentlich mehr Feedback ernteten. Ein Detail ist hierbei bezeichnend: Seit einiger Zeit kann man auf Facebook ja nicht nur auf „Gefällt mir" klicken, sondern auch mit „Reactions" namens „Love", „Haha", „Wow", „Traurig", „Wütend" reagieren. Donald Trump erntete 82 Prozent mehr wütende Smileys, wobei aus diesen Zahlen nicht hervorgeht, ob sich Nutzer hier *mit ihm* ärgerten oder *über ihn*. Das verdeutlicht einmal mehr, welche Emotion Trumps Team forcierte: Wut.[46]

Nun könnte man einwenden: Wut habe es im Wahlkampf schon immer gegeben und dass sich Menschen davon beeindrucken lassen, sei wenig überraschend. Nur kommt gerade in den sozialen Medien eine weitere Komponente hinzu: die Technik.

Wenn Sie ein Facebook-Profil haben, sehen Sie nicht alle Beiträge, die Ihre Freunde und die abonnierten Seiten verfassen: Die Software von Facebook – ein sogenannter Algorithmus – wählt für Sie aus, was laut dem Unternehmen für Sie relevant ist. Im Durchschnitt könnte Facebook den Nutzern jede Woche 1.500 Beiträge einblenden, bei besonders stark vernetzten Usern sind es sogar 10.000 Postings, berichtet das Onlinemedium „Slate".[47] Der Algorithmus ist im Grunde eine Hilfe, damit wir nicht 1.500 Beiträge chronologisch gereiht lesen müssen, sondern immer zuerst möglichst relevante Postings sehen.

4. Soziale Medien als Drama-Maschine

Hier wird es nun knifflig: Nach welchen Kriterien entscheidet aber Facebook, was Relevanz hat und was nicht? Welche Regeln haben die Facebook-Ingenieure ihrem Algorithmus aufgetragen? Wir wissen das nicht genau – nur schemenhaft erklärt das Unternehmen seine Filterung. Allerdings sagt der Konzern selbst, dass die sogenannte „Interaktion" ein zentraler Faktor ist – also die Zahl der Likes, Kommentare und Shares. Je mehr Likes ein Beitrag hat, desto mehr wertet das Facebook als Signal, dass viele Menschen diese Wortmeldungen sehen sollten.

Ein Algorithmus, der Interaktion als wichtiges Signal bemisst, läuft Gefahr, Emotion auch massiv zu begünstigen. Wir erinnern uns: Gefühle wie Wut bringen Menschen stark zum Klicken und Verbreiten einer Meldung. Wenn ein Algorithmus darauf ausgerichtet ist, genau diese menschlichen Signale als zentralen Gradmesser heranzunehmen, dann stellt sich die Frage, ob die Maschine emotionalisierende Inhalte zusätzlich belohnt.

Was sagt Facebook zur Bedeutung von Likes und Interaktion für seinen Algorithmus? Zwei Zitate dazu: 2016 trat Adam Mosseri auf dem Facebook-Event „f8" auf – er ist der zuständige Vice President des Unternehmens für den „News Feed", also für den Algorithmus, der die Neuigkeiten ausfiltert und Nutzern einblendet. Als einen wichtigen Faktor der Software nannte er auch die Zahl der Likes: „Wir schauen uns an, wie viele Interaktionen ein Beitrag erntet. Nehmen wir an, ‚BBC Sport' aus Großbritannien postet zwei Beiträge, und der eine Beitrag hat tausende von Likes und Kommentaren und der andere hat nur drei oder vier. Dann werden wir daraus schließen, dass der Erstere weit interessanter ist als der Letztere."[48]

4. Soziale Medien als Drama-Maschine

Auf Facebooks eigener Informationsseite steht wiederum: „Es gibt 3 Hauptkriterien, anhand derer wir abschätzen, wie relevant ein Beitrag für dich sein könnte." Dazu zählt auch: „Interaktion mit dem Beitrag: Beiträge, die oft gelikt, kommentiert und geteilt wurden und viele Reaktionen aufweisen (v.a. von Leuten, mit denen du häufig interagierst), werden weiter oben angezeigt."[49]

Eine hohe Anzahl von Likes, Kommentaren und Shares erhöht die Sichtbarkeit von Beiträgen. Gleichzeitig lösen emotionale Beiträge mehr Interaktion aus, legt auch eine Analyse von dem Social-Media-Dienst fanpagekarma.com nahe, dessen Team im Jahr 2014 mehr als tausend Beiträge studierte. In dieser Auswertung erzielten emotionale Beiträge zehnmal mehr Interaktionen.[50]

Ein Algorithmus, der Interaktion belohnt, läuft Gefahr, effektheischende Beiträge auch zu belohnen. Ich nenne einen solchen potenziellen Effekt: Algorithmus als Drama-Maschine.

Wohlgemerkt wissen wir zu wenig darüber, inwieweit und ob dieser Effekt messbar eintritt. Es handelt sich hier bisher vor allem um einen Verdacht, dass eine Begünstigung emotionaler Inhalte stattfinden könnte. Fragen wie diese sind aktuell nicht erforscht – auch weil Facebook unabhängige Untersuchungen zum Algorithmus bisher nicht erlaubt. Auf dem International Journalism Festival im Jahr 2017 in Perugia habe ich Vice President Adam Mosseri gefragt, ob Facebook seine Daten für Untersuchungen des Algorithmus öffnen wird. Im Wesentlichen lautete seine vage Antwort: „Wir müssen aus mehreren Gründen vorsichtig sein, aber ich denke, wir sollten, können und werden mehr tun." Für ein ausführliches Interview war er leider nicht erreichbar. Jedenfalls könnten Forscher mit Facebooks Hilfe solche Fragen beantworten.

4. Soziale Medien als Drama-Maschine

Ich bin nicht die einzige, die fürchtet, dass Nebeneffekte von Facebooks Algorithmus ein Teil der Erklärung sein könnte, warum unseriöse Inhalte dort stark sichtbar sind. In der Zeitschrift „Washington Monthly" hat Roger McNamee, ein früher Investor Facebooks, Folgendes geschrieben: „Jedes Mal, wenn du dich auf Facebook einloggst, gibt es Millionen von Beiträgen, die dir die Plattform zeigen könnte. Der Kern ihres Geschäftsmodells ist, dass Algorithmen basierend auf persönlichen Nutzungsdaten dir jene Sachen anzeigen, auf die du eher reagierst. [...] Algorithmen wirken wertneutral, aber tatsächlich sind die Algorithmen der Plattform auf einen speziellen Wert hin ausgerichtet: ein Maximum der Aufmerksamkeit zu erreichen, was den Profit optimiert. Sie machen das, indem sie deine Daten aufsaugen und analysieren und so vorhersagen, was dich dazu bringen wird, am stärksten zu reagieren, und dir mehr davon zu liefern."[51]

Mittlerweile hat Mark Zuckerberg massive Änderungen der Plattform angekündigt. So sollen mehr Beiträge von Freunden, Familienmitgliedern und Gruppen, deren Mitglied man ist, eingeblendet werden. Überdies befragt Facebook seine Nutzer nun, welchen Medien diese vertrauen, um stärker solche Seiten einzublenden.[52] Zuckerberg sagt sogar, dass die angekündigten Änderungen dazu führen können, dass Menschen weniger Zeit auf der Plattform verbringen – was eine bemerkenswerte Maßnahme ist, wenn Facebook hier wirklich ein wenig Aufmerksamkeit seiner Nutzer für bedeutungsvollere Inhalte auf seiner Plattform opfert. Nur ist bisher unklar, was diese Änderungen genau bringen werden oder wie groß sie überhaupt sind. Es scheint, dass Interaktion auch in Zukunft ein zentraler Maßstab des Algorithmus sein wird. So schreibt Vizepräsident Mosseri:

4. Soziale Medien als Drama-Maschine

„Mit diesem Update werden wir jene Beiträge priorisieren, die Konversation und bedeutungsvolle Interaktion zwischen Menschen auslösen. Um dies zu tun, werden wir vorhersagen, zu welchen Beiträgen du womöglich gemeinsam mit deinen Freunden interagieren möchtest, und wir werden dir diese Beiträge weiter oben im Feed anzeigen."[53] Das ist nur eine schwammige Beschreibung und es klingt so, als würde Facebook weiterhin jene Beiträge einblenden, die massiv Kommentare, Likes und Shares ernten. Das sind allerdings häufig emotionalisierende und teilweise unseriöse Beiträge, die Menschen zum Klicken bringen. Es lässt sich zum jetzigen Zeitpunkt allerdings abschätzen, wie sich Facebooks Änderungen auf die Reichweite von Trash und Falschmeldungen auswirken werden.

Ein wichtiger Aspekt hierbei ist das Geschäftsmodell sozialer Medien: Facebook lebt davon, uns Werbung einzublenden. Im vierten Quartal 2017 verdiente das Unternehmen pro europäischen Nutzer 8,71 Dollar mit Werbung, umgerechnet 7,1 Euro. Das sind rund 2,4 Euro pro User pro Monat. Ein winziger Betrag pro Kopf, aber ein Milliardengeschäft weltweit.[54] Und natürlich wirft dies die Frage auf, ob der Algorithmus auch deswegen Interaktion so belohnt, weil dies gut zu den Geschäftsinteressen des börsennotierten Konzerns passt. In der „New York Times" schrieb die Soziologin Zeynep Tufekci einmal: „Auf Facebook ist das Ziel, die Interaktion mit der Seite zu maximieren und die Seite werbefreundlich zu behalten."[55]

Hier zeigt sich meines Erachtens ein tieferliegendes Problem der heutigen Ausgestaltung des Internets: Werbung ist das zentrale Geschäftsmodell geworden und viele digitale Tools und Plattformen sind darauf ausgerichtet, uns

Werbebanner einzublenden, denn so finanzieren sich Tools und Plattformen. Emotionalisierende und dramatische Inhalte sind eine simple Möglichkeit, Aufmerksamkeit von Menschen auf sich zu ziehen, und ihnen nebenbei lukrativ Inserate einzublenden. Wie sehr Werbung bei politischer Manipulation eine Rolle spielt, werde ich noch näher in Kapitel 14 beleuchten.

Notgedrungen führt diese Debatte zu einer zentralen Frage: Nach welchen Kriterien und nach welchen Wertvorstellungen sollen große Internetdienste für uns Information aussuchen? Einst war es so, dass Journalisten in Redaktionen zentralen Einfluss hatten, was Menschen über die Welt da draußen erfahren: Natürlich haben auch menschliche Redakteure ihre Schwächen und ihre blinden Flecken. Zum Beispiel tendiert gerade der Boulevardjournalismus massiv dazu, emotionale Inhalte („menschelnde Geschichten") eher ins Blatt zu rücken. Nur war kein Medium jemals so mächtig wie es Facebook heute ist: Kein Fernsehsender, keine Zeitung hatte jemals ein weltweites Publikum von zwei Milliarden Menschen. Facebooks Software beeinflusst, was zwei Milliarden Menschen sehen. Googles Suchmaschine erreicht in Europa einen Marktanteil von mehr als 90 Prozent.[56] Die Software dieser Plattform hat einen deutlich prägenderen Einfluss, als dies irgendeine Redaktion jemals hatte. Bei der Google-Suche entscheidet ein Algorithmus, was uns angezeigt wird – und was so weit hinten in den Suchergebnissen landet, dass wir es niemals anklicken werden. Bei YouTube definiert ein Algorithmus, welche Videos gerade als „Trending" eingestuft werden. Beim Fotoportal Instagram entscheidet die Software, welche der Fotos die User angezeigt bekommen.

4. Soziale Medien als Drama-Maschine

Es ist absolut unrealistisch, dass wir auf solche Algorithmen verzichten. Sie helfen uns, Berge von Daten zu durchforsten und hilfreiche Informationen zu finden. Kein Mensch könnte leisten, was der Google-Suchalgorithmus im Bruchteil einer Sekunde schafft: Vom Beginn des Eintippens einer Suchanfrage bis zum Einblenden der ersten Vorschau braucht Google im Schnitt nur 0,1 Sekunden.[57]

Es wäre durchaus falsch, Algorithmen insgesamt abzulehnen: Ohne sie können wir keinen Durchblick durch die immensen Datenmengen mehr haben. Allerdings heißt dies nicht, dass wir zu unkritischen Konsumenten werden müssen: Je wichtiger solche Plattformen wie Google und Facebook werden, desto mehr sollten sie sich erklären und transparent machen (mehr dazu in Kapitel 16). Doch wir tappen vielfach im Dunklen.

Große Plattformen entscheiden schon jetzt, was viele Bürger über politische Themen oder Wahlkämpfe wissen. Dazu noch ein abschließendes Beispiel aus der Google-Suche: 2016 hatten wir in Österreich einen erhitzten und auch von Fehlinformation belasteten Wahlkampf. Wenn sich Bürger wenige Tage vor der Abstimmung informieren wollten und nach „Bundespräsidentenwahl 2016" googelten, dann landete oftmals auf Platz eins oder auf Platz zwei (auf jeden Fall sehr hoch in den Ergebnissen) die Adresse bundespraesidentschaftswahl.at. Diese Seite erinnerte optisch an spröde amtliche Wahlinformationsseiten. Doch im Text hieß es über den rechtspopulistischen Kandidaten: „Ein Sieg von Norbert Hofer wäre ein Sieg der schweigenden Masse." Auch war von „Lügen in der ‚Lügenpresse'" die Rede. Und ferner: „Wahlmanipulationen sind in Österreich sehr leicht möglich."

4. Soziale Medien als Drama-Maschine

Im Klartext: Wenige Tage vor einer der wichtigsten Wahlen Österreichs lieferte eine neutrale Suchanfrage nach der „Bundespräsidentenwahl 2016" unter den Top-Treffern eine zutiefst fragwürdige Quelle. Aufmerksam wurden Journalisten wie ich auf das Ganze, als uns Bürger besorgte E-Mails zu ihren Google-Suchergebnissen schrieben. Google arbeitet grundsätzlich stark daran, vertrauensunwürdige Seiten aus den obersten Ergebnissen zu bekommen. In diesem Fall kann man jedenfalls hinterfragen, ob dieser Treffer wirklich eine Top-Reihung verdient hatte. Das Beispiel verdeutlicht: Natürlich spielt Software eine erhebliche Rolle, was wir über die Welt erfahren. Technik kann mit ein Faktor sein, wenn uns wütendmachende, boulevardeske oder irreführende Inhalte eingeblendet werden. Je wichtiger derartige Algorithmen für die Informationsbasis in einer Demokratie werden, desto genauer sollte uns diese Software in Zukunft auch erklärt werden.

– 5 –

ANGST VOR DER ECHOKAMMER

Wir wissen noch viel zu wenig darüber, nach welchen Kriterien große Plattformen Informationen für uns sortieren – sie erklären sich zu wenig und sie bieten auch Wissenschaftlern nicht genügend Zugang für Forschung. Ganz unmissverständlich: Gerade bei großen Plattformen braucht es mehr algorithmische Transparenz. Google und Facebook sind marktdominant – ihr Code kann einen enormen Einfluss auf unsere Gesellschaft haben, dementsprechend viel kritische Aufmerksamkeit haben sie von uns verdient.

Doch es wäre falsch, einfach der Technik die Schuld an diesem Phänomen namens Fake News zu geben. Der zentrale Faktor scheint der Mensch zu sein – konkret führen menschliche Wesenszüge dazu, dass wir Falschmeldungen mitunter glauben und generell zu einer einseitigen Bewertung von Fakten neigen. Und diese Wesenszüge werden im Internet derzeit besonders sichtbar.

Den Menschen unterscheidet vom Tier, dass er zur Vernunft fähig ist – so lautet eine Kernüberzeugung des Zeitalters der Aufklärung. Allerdings wirft die moderne Forschung die Frage auf, ob wir Menschen tatsächlich so vernunftorientiert sind, wie wir uns das gerne selbst schönreden. Gerade wenn es um Themen geht, die uns ein Anliegen sind, scheint häufig stärker der Wunsch der Vater des Gedankens zu sein.

Ganz unbewusst werten wir Information so, dass sie zu unserem Weltbild passt. Das zeigt der Jusprofessor Dan Kahan von der Universität Yale in seinen Experimenten immer wieder.[58] Einmal haben er und seine Kollegen mehr

5. Angst vor der Echokammer

als 1.300 Amerikanern die Lebensläufe von renommierten Wissenschaftlern aus den USA vorgelegt – zwar waren all diese „Wissenschaftler" erfunden, aber auf dem Papier hatten sie eine beeindruckende Karriere gemacht, lehrten an angesehenen Universitäten und waren Mitglied der National Academy of Science. „Wir legten den Probanden das Foto des Wissenschaftlers und einen kurzen Lebenslauf vor. Und dann fragten wir sie: Ist das ein Experte auf einem bestimmten Gebiet?" Diese Daten waren zuvor geschickt manipuliert worden: Die Forscher testeten, ob die Weltsicht der Studienteilnehmer beeinflusste, wen diese als Experten ansehen.

Konservative Amerikaner bekamen „Wissenschaftler" vorgelegt, die sich laut den Unterlagen mit der Erforschung des Klimawandels beschäftigten. Sie sahen dabei auch, ob der jeweilige „Wissenschaftler" die These vertrat, dass Menschen die Erderwärmung wesentlich mitverursacht hatten. Eine Idee, die konservative Amerikaner großteils ablehnen.

Liberale Amerikaner sahen die Lebensläufe von „Wissenschaftlern", die angeblich zu Kernkraft und der Frage forschten, ob man nukleare Abfälle auf sichere Weise tief in der Erde ablagern kann – was gerade linke Wähler oftmals bezweifeln.

Sowohl bei konservativen als auch bei liberalen Amerikanern passierte Folgendes: Sie hielten eher jene „Wissenschaftler" für Experten, die dieselben Ansichten wie sie selbst vertraten. „Wenn der vermeintliche ‚Wissenschaftler' eine Sichtweise von uns zugeschrieben bekam, die deckungsgleich mit der Meinung des Studienteilnehmers war, wurde er als Experte akzeptiert. Wenn wir dem ‚Wissenschaftler' zuschrieben, dass er eine andere Ansicht als der Proband hatte, hieß es: ‚Nein, der ist da nicht wirklich ein Experte.' Sowohl im

5. Angst vor der Echokammer

rechten als auch im linken Spektrum reagierten Menschen auf dieselbe Weise", erklärte mir Kahan seine Ergebnisse. Dabei waren rein objektiv betrachtet alle Lebensläufe der erfundenen „Wissenschaftler" zutiefst beeindruckend – rein logisch betrachtet, hätten sie allesamt als Experten eingestuft gehört. Unbewusst ließen sich die Probanden aber von ihren eigenen Überzeugungen steuern.

Dass wir Information als wertvoller bewerten, wenn sie unsere Vorstellung bestätigt, erleichtert es leider den Fälschern im Internet enorm, ihr Unwesen zu treiben: Sie können einfach Behauptungen erfinden, die gut zu den Vorurteilen oder Wünschen vieler Menschen passen – und prompt verbreitet sich diese Fehlinformation rasant im Netz. Gerade im deutschsprachigen Raum sind Falschmeldungen aus dem rechten Spektrum online deutlich sichtbar – allerdings heißt dies nicht, dass andere Bürger nicht auch auf für sie plausible Fehlinformation hereinfallen würden. In meinem Bekanntenkreis wurde beispielsweise mehrfach ein Zitat von Donald Trump, das angeblich aus dem Jahr 1998 stammt, auf Facebook geteilt: Man sieht den Milliardär und daneben dessen vermeintliche Aussage: „Wenn ich zur Wahl antreten würde, würde ich für die Republikaner antreten. Sie sind die dümmsten Wähler des gesamten Landes. Sie glauben alles auf Fox News. Ich könnte lügen, und sie würden es trotzdem fressen. Ich wette, meine Zahlen wären großartig." Diese Aussage passt gut zum Bild, das einige Europäer von Trump und seinen Wählern haben. Doch Vorsicht: Das ist eine Erfindung.

Man muss fairerweise anmerken: Trump hat nicht nur selbst online Falschmeldungen verbreitet, sondern ist – speziell seit seiner Wahl – häufig auch Opfer untergriffiger

Aktionen. Im Frühjahr 2017 kursierte zum Beispiel ein Foto, das Trump am Golfplatz zeigt, seine weiße Hose ist am Hintern braun. Die Bildmanipulation sollte den Eindruck erwecken, er hätte beim Golfen Durchfall bekommen und sich angemacht.[59] Ich bin dezidiert keine Anhängerin solcher Fälschungen: Es ist nicht gut für die politische Debatte, wenn derart plumpe Erfindungen als politisches Instrument eingesetzt werden – egal von wem. Selbstverständlich hat auch Trump Fairness verdient.

Unter jenen Bürgern, die von rechter Seite gerne als „Gutmenschen" bezeichnet werden, kursierte im Januar 2016 eine zwischenzeitlich erfolgreiche Falschmeldung: Damals machte im deutschsprachigen Netz die Schreckensgeschichte die Runde, ein Flüchtling sei in Berlin gestorben, nachdem er lange in der Kälte vor dem Landesamt für Gesundheit und Soziales angestanden sei und sich erkältet hatte. Ein Flüchtlingshelfer hatte dies erfunden, später führte er das auf eine „Mischung aus Betrunkenheit und nervlichem Zusammenbruch" zurück.[60] „Auch ich habe das damals auf Facebook verbreitet", erzählte mir der bekannte österreichische Rechtsanwalt Georg Bürstmayr, der auf Asylrecht spezialisiert und bei den Grünen aktiv ist. „Es war damals die Hochphase der Flüchtlingsdebatte, wir hatten auch alle die Angst, dass irgendetwas Katastrophales passiert – und dann kam diese Meldung. Ich habe damals gelernt, wie schnell man etwas teilt, wenn es genau in die eigene Erwartungshaltung passt. Es fiel mir extrem leicht, das zu glauben. Seither bin ich sehr viel zurückhaltender geworden, was ich ungeprüft verbreite", sagt Bürstmayr.

Manchmal fällt die Behauptung, nur Ungebildete oder Unintelligente würden auf Falschmeldungen hineinfallen:

5. Angst vor der Echokammer

Die Forschung lässt an dieser These Zweifel aufkommen.[61] Gefährdet sind vielfach wohl jene Personen, denen ein politisches Thema besonders wichtig ist. Dem Anwalt Bürstmayr liegt der gesellschaftliche Schutz von Flüchtlingen am Herzen, insofern war er leichter für eine dazu passende Falschmeldung empfänglich. Die Frau aus Bayern, die ich zu Beginn des Buchs zitiere, lehnt Angela Merkel als Politikerin ab – insofern schenkte sie prompt einer irreführenden Info über Angela Merkel Vertrauen.

Was im menschlichen Gehirn dabei vorgeht, nennt sich zielgerichtetes motiviertes Denken. Ein Experte auf diesem Gebiet ist der Politikwissenschaftler Jason Reifler, der an der Exeter University lehrt. Wie er erklärt, können unterschiedliche Ziele beim menschlichen Denken im Vordergrund stehen. Die Psychologie unterscheidet zwischen dem Ziel nach korrekter Informationsverarbeitung („accuracy goals") und dem Ziel, zu einem bestimmten Ergebnis zu gelangen („directional goals"). Ohne dies wirklich bewusst zu tun, neigen Menschen gerade bei politischen Streitthemen dazu, Information so einzuordnen, dass nicht ihr ganzes Weltbild ins Wanken gerät. Reifler erzählte mir: „Es gibt eine große Zahl wissenschaftlicher Belege, die darauf hinweisen, dass wir zielgerichtet motiviertes Denken anwenden, wenn wir politische Information konsumieren. Das heißt, wir suchen nach Information und verarbeiten diese in einer Weise, die übereinstimmt mit unserer bestehenden Weltanschauung." Hierbei kommen Effekte wie der „confirmation bias" zum Einsatz – im Deutschen „Bestätigungsfehler" genannt. Dieser Bestätigungsfehler führt dazu, dass wir unbewusst Informationen als relevanter erachten, die unsere Ansichten bestätigen.

5. Angst vor der Echokammer

Wenn einem hingegen ein Thema gleichgültig ist, kommen eher „accuracy goals" zur Anwendung – wir lassen uns dann leichter von Fakten und weniger von unserer Meinung leiten. Dazu Reifler: „Wenn mir jemand erklärt, dass der Trainer von Bayer Leverkusen viel besser ist als jener von Borussia Dortmund, werde ich das eher zur Kenntnis nehmen und sagen: ‚Aha, okay'. Ich habe keine besondere Beziehung zur deutschen Bundesliga – dementsprechend löst eine neue Information über die Bundesliga auch kein zielgerichtetes motiviertes Denken bei mir aus. Bei Politik hingegen scheint zielgerichtetes motiviertes Denken das Standard-Setting zu sein."

Genau aus diesem Grund bewerte ich den Begriff „postfaktisch" auch kritisch. Aktuell wird häufig die Frage gestellt, ob wir uns in einem Zeitalter bewegen, in dem Fakten immer weniger wert sind. Das Oxford Dictionary hat post-faktisch („post-truth") sogar zum „Wort des Jahres 2016" gekürt.[62] Ich kann die Sorge darüber, dass sich Politiker wie Trump bei Wahlen durchsetzen und dass Falschmeldungen gerade im Netz so erfolgreich sind, gut nachvollziehen – auch müssen wir die Frage stellen, ob die derzeitige Ausgestaltung des Internets politische Provokateure und Desinformation begünstigt.

Das Wort „postfaktisch" beinhaltet aber eine Fehlannahme – die Vorsilbe „post" suggeriert, dass wir uns früher in einem „faktischen" (also: faktenbezogenen) Zeitalter befunden hätten. Nur ist diese Annahme höchst fragwürdig. Dass Menschen einseitig Information einordnen, indem sie zielgerichtetes motiviertes Denken anwenden, war auch schon früher so. Wir können dieses Phänomen zwar derzeit online in einer erschütternden Deutlichkeit erkennen – nur

5. Angst vor der Echokammer

wäre es in meinen Augen eine Verklärung der Geschichte, so zu tun, als seien politische Entscheidungen früher rein faktenbasiert getroffen worden.

Zum Prozess des zielgerichteten motivierten Denkens, den man online wie offline beobachten kann, kommt noch ein wesentlicher Faktor hinzu, der der Verbreitung einseitiger Information – bis hin zur Falschmeldung – dienlich sein kann: Sogenannte „ideologische Verstärkung" in homogenen Gruppen. Wenn Menschen großteils unter Gleichdenkenden diskutieren, verhärtet sich in diesen Gruppen die Meinung. Das legt eine Untersuchung aus dem Jahr im US-Bundesstaat Colorado nahe: Bewohner zweier Städte diskutierten über politische Streitthemen wie Maßnahmen gegen den Klimawandel oder die eingetragene Partnerschaft für Homosexuelle (die Ehe für alle gab es damals in den USA noch nicht). In der einen Stadt ließen die Wissenschaftler liberal eingestellte Amerikaner untereinander diskutieren, in der anderen Stadt blieben konservative Bürger im Gespräch unter sich.

Die Forscher ermittelten, ob der Austausch mit Gleichdenkenden die Meinung beeinflusst: Sowohl vor als auch nach der Diskussion musste jeder Studienteilnehmer einige Fragen allein und anonym ausfüllen. Tatsächlich verschärften sich die Ansichten. „Wir beobachten eindeutig eine Verschiebung zu mehr extremen Meinungen, sowohl in den liberalen als auch in den konservativen Gruppen, allerdings in die jeweils entgegengesetzte Richtung", notieren die Wissenschaftler.[63] Das heißt: Gerade die Mitte ging verloren. Wer als Liberaler anfangs noch eine zurückhaltende Haltung zur eingetragenen Partnerschaft oder Klimapolitik zeigte, war nachher umso überzeugter auf linker Seite. Wer als Republikaner beidem anfangs nur leicht skeptisch gegenüberstand, war nach der Diskussion mit Gleichdenkenden umso mehr davon überzeugt, dies sei abzulehnen.

Wenn in Diskussionsgruppen eine andere Meinung fehlt, kann man beobachten, wie sich die Teilnehmer in ihren Ansichten radikalisieren und auch die Nuancen innerhalb dieser Gruppe verschwinden. Im Wissenschafts-Slang nennt sich das „reduzierte interne Diversität".[64] Gleichdenkende stacheln sich gegenseitig an – eine beunruhigende Erkenntnis angesichts dessen, dass es im Internet einfach ist, Gleichdenkende zu finden und sich mit ihnen auszutauschen. Genau darum wird es im nächsten Kapitel gehen – doch zuvor möchte ich noch auf eine interessante Frage eingehen. Gibt es auch messbare psychologische Unterschiede, wie linke Bürger und wie rechte Bürger mit Information und mit Falschmeldungen umgehen? Zum Beispiel zeigte die wissenschaftliche Aufarbeitung der US-Wahl 2016, dass bei dieser vor allem Trump-Fans massiv mit Fake News in Kontakt gekommen waren.[65]

Die ehrliche Antwort: Das ist ein ungeheures Streitthema unter Wissenschaftlern, weil Studien hierzu unterschiedliche Ergebnisse liefern. Dan Kahans Experiment zu den erfundenen Wissenschaftlern hat etwa vorgeführt, dass sowohl linksliberale wie auch konservative Amerikaner die Fakten je nach Weltsicht uminterpretierten. Gleichzeitig gibt es auch interessante Untersuchungen, wonach das Weltbild mitunter eine große Rolle spielt. Beispielsweise bietet die Arbeit des Evolutionsanthropologen Daniel Fessler von der University of California in Los Angeles faszinierende Einblicke: Laut seinen Forschungsergebnissen glauben Konservative erfundene Warnungen eher. Um dies zu verstehen, muss man ein paar Fachbegriffe von Anthropologen kennen:

5. Angst vor der Echokammer

Sowohl Menschen als auch Tiere weisen einen „negativity bias" auf – eine erhöhte Sensitivität für negative Information. Aus evolutionärer Sicht klingt das auch logisch: Wenn unsere entfernten Vorfahren in der Wildnis zeitgleich einem hungrigen Löwen und einer niedlichen Wüstenmaus begegneten, überlebten eher diejenigen, die dem Löwen ihre Aufmerksamkeit schenkten. Der „negativity bias" kann aber auch Schattenseiten haben: Etwa wenn Menschen ihre gesamte Aufmerksamkeit auf potenzielle Gefahren richten und deswegen nützliche Chancen nicht wahrnehmen.

Wie Fessler und seine Kollegen schreiben, zeigen Studien, dass bei Konservativen tendenziell der „negativity bias" stärker ausgeprägt ist, vor allem der „threat bias". Konservative neigen dazu, potenziellen Bedrohungen besonders große Aufmerksamkeit zu schenken. Basierend auf diesen Ergebnissen fragten sich Fessler und seine Kollegen, ob auch eine größere Leichtgläubigkeit bei Konservativen über potenzielle Gefahren existiert. Einfach gesagt: Neigen rechte Bürger eher dazu, einer erfundenen, aber bedrohlich klingenden Aussage zu vertrauen?

Um dies zu testen, wurden linken als auch rechten US-Amerikanern großteils unpolitische Behauptungen über Risiken und Chancen vorgelegt. Etwa: „Handys können die Magnetstreifen von Kreditkarten beschädigen, sodass sie unbrauchbar werden" (falsch). Oder: „Karotten zu essen verbessert stark die Sehkraft" (falsch). Auch richtige Aussagen wurden inkludiert, wie: „In einem Gewitter kann ein Auto mit festem Dach Sicherheit bieten, solange man kein Metall innerhalb des Autos berührt." In zwei Experimenten wurden insgesamt rund 1.200 Bürger befragt, welche Information sie für glaubwürdig halten.[66]

5. Angst vor der Echokammer

Tatsächlich gab es signifikante Unterschiede zwischen rechten und linken Bürgern: Speziell in ihrem Gesellschaftsbild konservative Studienteilnehmer, denen es um Werte wie ein traditionelles Familienbild geht, zeigten „negativitätsbezogene Leichtgläubigkeit". Verschiedenen Warnungen über Risiken vertrauten sie signifikant öfter als Linke. Bei positiven Aussagen – also Behauptungen über Chancen – waren sie allerdings nicht leichtgläubiger als Linke. Diese Studie legt nahe, dass konservativ orientierte Menschen erfundenen Risiken tendenziell eher glauben – selbst bei total unpolitischen Warnungen wie jener, dass Handystrahlung die Magnetstreifen von Kreditkarten kaputt mache.

Wohlgemerkt reagierten nicht alle Vertreter des konservativen Lagers dermaßen: Ökonomisch Konservative, denen es vor allem um niedrige Steuern und wenig staatliche Regulierung geht, zeigten diese negativitäts-bezogene Leichtgläubigkeit nicht. Das verdeutlicht, dass in der großen Gruppe Konservativer deutlich unterschiedliche Menschen zu finden sind – die sich in Teilen ihres Weltbilds stark unterscheiden.

Das Faszinierende am Studienergebnis ist, dass es einen fundamentalen Unterschied andeutet, wie Rechte oder Linke Risiken ernst nehmen und Warnungen dazu glauben. „Es geht nicht darum, dass die eine Sichtweise richtiger ist als die andere: Falls die Welt gerade wirklich ein gefährlicher Ort ist, werden Liberale eher Opfer vieler Gefahren werden. Wenn die Welt ein relativ sicherer Ort ist, werden Konservative viele Chancen versäumen", fasst Fessler zusammen. Seine Resultate passen meines Erachtens gut zu den unterschiedlichen Vorurteilen, die Linke als auch Rechte wechselseitig voneinander haben. Nehmen wir das große Streitthema Flüchtlingspolitik: Rechte werfen linken „Gutmenschen" vor,

5. Angst vor der Echokammer

die Augen vor Gefahren zu verschließen. Linke finden, dass rechte „Wutbürger" furchtbar übertreiben. Oder wie Professor Fessler sagt: „Ja, Konservative beschreiben Liberale als naiv. Wohingegen Liberale ihnen vorwerfen, dass sie sich Bedrohungen einbilden, die es gar nicht gibt."

Es gibt also durchaus Untersuchungen, die aufschlussreiche Unterschiede zwischen rechten und linken Bürgern andeuten. Nur ein Schluss wäre falsch: Dass irgendein Lager immun gegen Fehlschlüsse sei. Insgesamt deutet der jetzige Forschungsstand darauf hin, dass diese Idee vom vernunftgetriebenen, sachlich denkenden Menschen zwar schmeichelhaft, aber statistisch nicht belegbar ist.

– 6 –
ZERSPLITTERTE DIGITALE DEBATTE

Driftet unsere Gesellschaft im Netz auseinander? Diese Sorge ist fast so alt wie das World Wide Web selbst. Schon im Jahr 1997 warnten die Wirtschaftsinformatiker Marshall Van Alstyne und Erik Brynjolfsson, dass das Internet nicht automatisch zu einem „globalen Dorf" werden muss, in dem alle einander näher rücken. Für sie schien es schon damals möglich, dass eine gegenteilige Entwicklung eintritt – eine Zersplitterung in gleichdenkende Gruppen. Sie schrieben: „Da es das Internet einfacher macht, gleichdenkende Individuen zu finden, kann es auch Randgruppen fördern und stärken, die eine gemeinsame Ideologie haben, aber geografisch zerstreut sind. So haben Physiker, Weinliebhaber, Star-Trek-Fans und Mitglieder von Milizen das Internet schon genutzt, um einander zu finden, Information auszutauschen und die gemeinsamen Leidenschaften zu schüren. In vielen Fällen hätten ihre erhitzten Gespräche niemals eine kritische Masse erreicht, solange die räumliche Trennung dafür sorgte, dass sie nur ein paar unter Tausenden sind. Wenn aber einmal gleichdenkende Menschen einander finden, kann die daraus folgende Interaktion ihre Ansichten weiter polarisieren und sogar zum Aufruf zum Handeln führen."[67]

Bemerkenswert, dass schon vor 20 Jahren dieser potenzielle Effekt der Digitalisierung erkannt worden ist. Die Möglichkeit zur Spezialisierung, die Vertiefung in die – zu einem passenden – Nische ist an sich eine der wunderbarsten Facetten der Digitalisierung. Es ermöglicht gleichdenkenden, gleichfühlenden Menschen zueinanderzufinden. Und in vielen Fällen begrüßen wir das als Gesellschaft. Zum

6. Zersplitterte digitale Debatte

Beispiel müssen sich homosexuelle Teenager in ländlichen Regionen nicht isoliert fühlen. Selbst wenn sie in ihrem Umfeld niemand geouteten Gleichaltrigen kennen, sehen sie in Online-Chats und auf Social Media: Ich bin nicht allein. Weniger behaglich ist diese Möglichkeit, Anhang zu finden, wenn sie umstrittenen bis illegalen Gruppierungen nützt: Wenn etwa Rechtsextreme bemerken, dass auch sie nicht allein sind und sich online gegenseitig anfeuern.

Dass ohnehin schon radikal eingestellte Menschen sich womöglich online weiter radikalisieren, ist besorgniserregend. Darüber hinaus stellt sich aber noch die schwerwiegendere Frage, ob der gesamtgesellschaftliche Austausch in einer fragmentierten Medienlandschaft schwieriger wird und sich Bürger in „Echokammern" zurückziehen. Das sind digitale Räume, in denen sich Menschen großteils mit Gleichdenkenden austauschen und stärker Informationen beziehen, die zu ihren Interessen und ihrem Weltbild passen. Der renommierte Jurist Cass Sunstein von der Universität Harvard hat diesen Begriff maßgeblich mitgeprägt. Er befürchtet, dass wir uns in einem zutiefst personalisierten digitalen Umfeld zunehmend mit zu uns passenden Menschen und Informationen umgeben.

Diesem Argument wird häufig entgegnet, Personalisierung sei ja nichts Neues. Wer eher konservativ als links ist, wird eher die „FAZ" als die „taz" abonnieren. Tatsächlich ist das ein berechtigter Einwand: Wie im vorigen Kapitel dargelegt, neigen Menschen gerade bei politischen Themen tendenziell zu einer Informationssuche und Informationsbewertung, die sich eher im Einklang mit ihrem Weltbild befindet. Und in einer pluralistischen Medienlandschaft war es schon vor der Erfindung des Internets möglich, jene

6. Zersplitterte digitale Debatte

Publikationen zu konsumieren, die einem gut ins Konzept passen. Die große Frage ist also, ob die digitalen Tools es nun zusätzlich erleichtern, in unserer Meinung bestätigt zu werden und sehr einseitig Inhalte zu konsumieren.

Warum befürchten Forscher wie Cass Sunstein, dass wir diesen menschlichen Drang zur Einseitigkeit online umso besser ausleben können? Weil Plattformen wie Facebook, YouTube oder Twitter feinstufig auf unseren Geschmack zugeschnitten sind.

Bedeutend ist, dass soziale Medien wie Twitter und Facebook ohne Personalisierung gar nicht funktionieren. Wenn Sie sich als neuer User auf diesen Webseiten anmelden, ist Ihr Feed zuerst leer. Erst wenn Sie angeben, welche Seite Ihnen „gefällt", wer Ihr „Freund" ist oder wem Sie „folgen" wollen, wenn Sie also Ihre Präferenzen und bestehenden Kontakte angeben, bekommen Sie die auf Sie zugeschnittene Auswahl. Wenn wir ein Profil auf sozialen Medien für uns einrichten, verraten wir prompt einiges, wer wir sind und was wir mögen.

Diesen Unterschied beschreibt auch Cass Sunstein in seinem lesenswerten Buch „#Republic: Divided Democracy in the Age of Social Media": „Lange vor Einführung des Internets und in einer Ära, in der nur eine Handvoll Fernsehstationen existierte, trafen Menschen bewusste Entscheidungen zwischen Zeitungen und Radiosendern. Zu jeder Zeit war es der Wunsch vieler Menschen, eher getröstet als herausgefordert zu werden. Magazine und Zeitungen versorgen beispielsweise Menschen häufig mit bestimmten Interessen und Anschauungen. […] Was derzeit passiert, zählt aber nichtsdestotrotz als signifikanter Wandel. Mit einer dramatischen Zunahme an Wahlmöglichkeiten und einer größeren

6. Zersplitterte digitale Debatte

Möglichkeit der persönlichen Zuschneidung lässt sich auch ein breiter gestreutes Konsumverhalten beobachten. In vielen Fällen wird dieses Konsumverhalten zu den eigenen demografischen Eigenschaften, bestehenden politischen Überzeugungen oder beidem passen."[68]

Als Konsument fühlt sich diese Personalisierung oft praktisch an: Ich zum Beispiel interessiere mich überhaupt nicht für Sportberichterstattung, früher musste ich jeden Tag in der gedruckten Tageszeitung den Sportteil überblättern – was mich leicht nervte. Mein persönlicher Eindruck ist, dass ich im Netz Sportmeldungen leichter umschiffen kann: Ich lese tendenziell Onlinemedien, wo der Sport weit unten auf der Startseite versteckt ist – und so weit scrolle ich selten hinunter. Auch sind meine Freunde zum Glück keine Fans irgendwelcher Sportvereine, sodass sie kaum derartige Inhalte in meinen Feed teilen. Und beim E-Mail-Newsletter der „New York Times", den ich beziehe, habe ich sogar extra deaktiviert, dass mir die Zeitung Nachrichten aus dem Bereich Sport schicken darf. Mein digitales Leben kommt ohne Meldungen über Fußball, Skifahren, Tennis, Golf aus, was ein harmloses Beispiel für Personalisierung sein mag. Die Frage stellt sich aber: Ab welchem Punkt wird ein solches Verhalten problematisch? Schließlich kann man ja nicht nur Sportmeldungen deaktivieren, sondern auch politisch stark nach den eigenen Präferenzen Inhalte selektieren.

Der Jurist Cass Sunstein äußert Bedenken gegenüber starker Personalisierung, zwei davon will ich zitieren: „Erstens sollten Bürger mit Materialien in Kontakt kommen, die sie nicht im Vorhinein ausgesucht hätten. Zufällige Entdeckungen sind eine gute Sache. Ungeplante, unerwartete Zusammenstöße sind zentral für die Demokratie. Solche

6. Zersplitterte digitale Debatte

Zusammenstöße betreffen oft Themen oder Sichtweisen, die man nicht gesucht hätte und die man womöglich ziemlich irritierend findet – die aber das eigene Leben fundamental verändern können. Sie sind teils dafür wichtig, Zersplitterung, Polarisierung und Extremismus zu erschweren, die vorhersehbare Ergebnisse all jener Situationen sind, in denen gleichdenkende Menschen nur miteinander sprechen. Zweitens sollten viele oder die meisten Bürger eine große Palette ähnlicher Erfahrungen aufweisen. Ohne Erfahrungen, die man gemeinsam teilt, wird es eine heterogene Gesellschaft nur schwer schaffen, soziale Probleme anzusprechen. Menschen sehen einander womöglich als Fremde, als Ausländer, vielleicht sogar als Feinde. Gemeinsame Erfahrungen [...] stellen eine Art gesellschaftlichen Klebstoff dar."[69]

In einer allzu einseitigen Mediendiät sieht Sunstein also Risiken für unsere Gesellschaft. Erinnern Sie sich dazu an jenes Experiment aus Colorado, bei dem linke Amerikaner und rechte Amerikaner jeweils mit Gleichdenkenden diskutierten. Ihre Meinung polarisierte sich, Linke rückten weiter nach links, Rechte nach rechts. Cass Sunstein war einer der Autoren dieser Studie und fürchtet, dass auf sozialen Medien nun das Gleiche passiert wie in Colorado: Gleichdenkende tauschen sich aus – und nehmen umso härtere Fronten ein.

Eine Erklärung für eine Verhärtung der Meinung in homogenen Gruppen ist der „begrenzte Pool der Argumente": Denn Gleichdenkende werden untereinander „einen überdurchschnittlich großen Anteil von Argumenten liefern, die alle in dieselbe Richtung tendieren".[70] Es fehlt die Stimme des Skeptikers, die andere Blickwinkel und Informationen einbringt.

6. Zersplitterte digitale Debatte

Dass das Abgrenzen von Andersdenkenden und ein Einbunkern in Echokammern nicht gut für unsere Gesellschaft ist, darüber sind sich Forscher ziemlich einer Meinung. Umstritten ist aber, ob Menschen das Internet wirklich auf so einseitige Weise nutzen. Viele Internetnutzer haben wahrscheinlich auch den Eindruck, dass sie online mehr unterschiedliche Medien lesen als früher und dass sie gleichzeitig auch mit Meinungen in Kontakt kommen, die sie eher irritierend finden. Was ist also an dieser Angst vor der Echokammer dran?

Die umfassendste Auswertung hierzu ist leider schon ein paar Jahre alt: Die Ökonomen Matthew Gentzkow und Jesse Shapiro verglichen Daten aus dem Internet – das Surf-Verhalten von amerikanischen Usern – mit der Nutzung klassischer Print- und Rundfunk-Medien. Wobei sie wohlgemerkt die Browsing-Daten von Nutzern aus den Jahren 2004 bis 2008 verwendeten – eine Phase, in der soziale Medien eine vergleichsweise geringe Rolle spielten, auch wurde der Einfluss von Facebook und Co. nicht eigens in der Studie ausgewertet. Für jedes Medium ermittelten die Wissenschaftler einen sogenannten „Isolations-Index". Würden konservative Nutzer zu hundert Prozent nur den rechten Kanal Foxnews.com aufsuchen und liberale User zu hundert Prozent nur die Webseite der linksliberalen „New York Times" sehen, läge der Isolations-Index für das Internet bei hundert Prozent. Es lässt sich schon erahnen, dass ein solches Horror-Szenario ausblieb: Menschen rufen oft auch die Webseite etablierte Medienhäuser auf, die nicht ganz zu ihrem Weltbild passen – eine gute Nachricht.

Konkret lag der Isolationsindex beim Surfen im Netz bei 7,5 Prozentpunkten, das ist zwar mehr als bei Rundfunk

6. Zersplitterte digitale Debatte

(1,8 Prozentpunkte), Magazinen (2,9 Prozentpunkte), Kabel-Fernsehen (3,3 Prozentpunkte) und Lokalzeitungen (4,1 Prozentpunkte), aber weniger als beim Konsum überregionaler Zeitungen (10,4 Prozentpunkte). Insgesamt lässt sich zusammenfassen: Viele Menschen konsumieren online Medienprodukte, die nicht nur aus einer politischen Richtung kommen.[71]

Eine zweite Erkenntnis von Gentzkow und Shapiro ist dabei spannend: Sie analysierten ebenfalls, wie stark die Durchmischung privater Kontakte offline ist. Hier zeigte sich eine größere Distanz zu Andersdenkenden. Am Arbeitsplatz lag der Isolationsindex bei 16,8 Prozentpunkten, in der Familie bei 24,3 Prozentpunkten, bei Freunden, denen man vertraut, bei 30,3 Prozentpunkten und bei Menschen, mit denen Amerikaner gern politisch diskutieren, bei 39,4 Prozentpunkten. Gerade offline umgeben sich Amerikaner häufig mit Gleichdenken, speziell wenn sie über Politik reden.

Eine Frage kann die Untersuchung der beiden Ökonomen aber nicht beantworten: Wie stark die Isolation auf sozialen Medien ist – weil ihre Daten hierfür zu alt sind. Es könnte zum Beispiel sein, dass Facebook einen relativ hohen Isolationsindex aufweist, ähnlich wie im privaten Umfeld. Denn auf Facebook sehen wir ja vor allem, was unsere Freunde und Bekannte teilen. Und wenn unsere Freunde uns sehr ähnlich sind, könnte unser Medienkonsum dort etwas eingeschränkter sein.

Dass diese Sorge berechtigt ist, darauf deutet eine weitere Untersuchung hin: Die Wirtschaftswissenschaftler Yosh Halberstam und Brian Knight haben zu einem späteren Zeitpunkt den Isolationsindex für Twitter im amerikanischen Wahlkampf berechnet. Sie analysierten die Präsidentschaftswahl

6. Zersplitterte digitale Debatte

im Jahr 2012 auf Twitter und betrachteten, ob User eher Politikern aus einem Lager folgten. In beiden Lagern beobachteten sie „Homophilie" – also dass Nutzer vorzugsweise politisch ähnlich ausgerichtete Accounts abonnierten.[72] Kurz zur Erinnerung: Über das gesamte Internet hinweg war zuvor der Isolationsindex mit 7,5 Prozentpunkten beziffert worden. Auf Twitter im Wahlkampf betrug der Isolationsindex in dieser Auswertung satte 40,3 Prozentpunkte – also mehr als das Fünffache. Auf Twitter schien die Isolation sogar eine Spur höher als im privaten politischen Gespräch unter Freunden zu sein, zumindest in dieser erhitzten Phase.

Es gibt noch etliche weitere Untersuchungen, die ich Ihnen präsentieren könnte, aber lassen Sie es mich kurzfassen: Der jetzige Forschungsstand gibt Grund zur Hoffnung, allerdings auch zu leichter Sorge. Denn ein Großteil der Bürger scheint das Netz nicht zur Isolation zu nutzen. Viele informieren sich über die Webseiten etablierter Medienhäuser und zeigen auch kein extremistisches Informationsverhalten. Das Internet ist nicht automatisch ein Tool der Spaltung und Segregation – was eine sehr wichtige Erkenntnis ist. Allerdings sehen wir einzelne Gruppen in der Bevölkerung, die dann doch mit einer eingeschränkten Mediendiät auffallen. Vielleicht erinnern Sie sich noch an die Auswertung zu Fake News im US-Wahlkampf: Bei dieser wurde eine Schieflage deutlich. Jenes Zehntel der Amerikaner, das besonders viele rechte Medien konsumierte, konsumierte auch den Großteil der Falschmeldungen.[73] Und gerade Bürger, die sehr stark Facebook nutzen, kamen überdurchschnittlich mit Fake News in Kontakt. Solche Ergebnisse sind sehr wohl beunruhigend – weil beispielsweise ein Zehntel der Bevölkerung nicht wenig Menschen sind.

6. Zersplitterte digitale Debatte

Wir wissen speziell darüber zu wenig, wie soziale Medien sich auswirken: Jedes neue digitale Tool, das viele Menschen nutzen, sollte daraufhin untersucht werden, ob es die Bildung von Echokammern erleichtert. Was Facebook betrifft, haben wir bisher hauptsächlich anekdotische Erkenntnisse.

So gibt es eine Reihe interessanter Untersuchungen zum Kommunikationsverhalten von Verschwörungstheoretikern: In mehreren Studien beobachteten Forscher Nutzer auf Facebook, die sich für Verschwörungstheorien interessieren – etwa für Thesen, dass die Krankheit AIDS nicht durch das Humane Immundefizienz-Virus (HIV) ausgelöst werde oder dass die Kondensstreifen am Himmel kein harmloses Nebenprodukt des Flugverkehrs seien, sondern hierbei gefährliche Chemikalien versprüht und Bürger vergiftet würden (die sogenannte Chemtrails-These).[69] Sie verglichen diese verschwörungstheorie-affinen Nutzer mit Usern, die sich für Wissenschaftsneuigkeiten interessieren und auf Facebook-Seiten aktiv sind, die über neue Erkenntnisse der Forschung berichten. Diese beiden Gruppen sind deswegen interessant, weil sie konträre Ansichten vertreten: Viele Verschwörungstheoretiker lehnen ja Erkenntnisse aus der Wissenschaft ab. Und viele Wissenschafts-Fans machen sich über Verschwörungstheoretiker lustig, nennen diese zum Beispiel spöttisch „Aluhut-Träger".

Die Wissenschaftler, von denen ein Teil an der Universität Venedig forscht, wollten wissen, ob diese zwei unterschiedlichen Interessensgruppen auf sozialen Medien in Kontakt kommen: Im Internet wäre der Andersdenkende schließlich immer nur einen Klick entfernt. Doch es stellte sich heraus, häufig passierte dieser Klick nicht. Verschwörungstheoretiker und Wissenschafts-Fans trafen nur selten

6 Zersplitterte digitale Debatte

auf Facebook aufeinander. Auf YouTube war ein ähnlicher Effekt beobachtbar.[74]

Die Studie der Italiener kann nicht beantworten, ob sich Verschwörungstheoretiker online stärker von Andersdenkenden abschotten als vor der Erfindung des Internets. Diese Vergleichsdaten fehlen, aber zumindest lässt sich auf sozialen Medien zu einzelnen Themen eine deutliche Lagerbildung beobachten.

Die italienischen Forscher haben übrigens auch die Diskussion vor der Brexit-Abstimmung betrachtet – als debattiert wurde, ob das Vereinigte Königreich die EU verlassen soll. Sie beobachteten hierfür 38 britische Medien auf Facebook – vom Sender BBC bis zum Boulevardblatt „The Sun" – und werteten insgesamt 2,5 Millionen Likes und 470.000 Kommentare aus. Bei ihrer Untersuchung konnten die Forscher eine Bildung zweier Lager auf Facebook feststellen. Sie notieren: „Unsere Analyse liefert Beweise für die Existenz zweier gut getrennter Echokammern: Nutzer tendieren dazu, auf eine Erzählung zu fokussieren und die andere Erzählung zu ignorieren."[75] Auch diese Untersuchung beantwortet nicht die Frage, ob die Polarisierung im Internet größer ist als außerhalb des Internets. Sichtbar wird hier immerhin: Rund um einzelne politische Streitthemen sind auch auf sozialen Medien Echokammer-Effekte messbar geworden. Digitale Tools führen nicht automatisch dazu, dass Menschen den sachlichen Austausch mit anderer Meinung suchen.

– 7 –

POPULISTEN KREIEREN
PARALLELREALITÄTEN

Am 1. März 2017 gastierte Heinz-Christian Strache, der Chef der österreichischen Rechtspopulisten und mittlerweile sogar Vizekanzler, beim politischen Aschermittwoch der AfD Bayern. Die Menge tobte, das Weißbier floss, der Festsaal war in blau-weiße Fahnen gehüllt. Und Ehrengast Strache erklärte den begeisterten deutschen Zuhörern, wie das mit den Medien so funktioniert:

„Ich bin kein Freund des Pauschalbegriffs ‚die Lügenpresse'. Nein, es gibt überall anständige Journalisten und genauso unanständige. Ich würde nie hergehen und pauschal ein Urteil treffen. Aber wir haben es mit einer Systematik zu tun, wo oftmals Journalisten gar nicht mehr frei und unabhängig berichten dürfen, wo alles durchgeschaltet ist, gleichgeschaltet ist. Eine Gleichschaltung der veröffentlichten Meinung, wo immer mehr Menschen sagen: Ja, bitte, wollt ihr uns für dumm verkaufen? Egal, welche Tageszeitung ich kaufe, egal, welchen Fernsehsender ich aufdrehe, überall die gleichgeschaltete Berichterstattung. Da gehen zu Recht immer mehr Menschen – auch bei euch in Deutschland – hinein in die moderne Kommunikation, man nennt es auch alternative Medien, weil es dort Meinungsvielfalt, weil es genau dort die Pluralität gibt, weil es die Möglichkeit gibt, auch andere Meinungen zu lesen und sich dadurch eine eigene Meinung zu bilden. Das passt den etablierten Medien gar nicht, weil sie merken, dass sie immer uninteressanter werden, und die Menschen sich immer mehr von ihnen abwenden."

7. Populisten kreieren Parallelrealitäten

Gehen wir ins Detail: Der Rechtspopulist erklärt zuallererst, dass er differenzieren wolle. Er spricht sich nicht pauschal gegen „die Lügenpresse" aus, sondern nur gegen einen Teil davon – gegen die angeblich „unanständigen" Journalisten. Er sagt, er würde „nie hergehen und pauschal" ein Urteil treffen – um es dann einen Atemzug später doch zu tun, indem er konstatiert: „Wir haben es natürlich mit einer Systematik zu tun, wo oftmals Journalisten gar nicht mehr frei und unabhängig berichten dürfen, wo alles durchgeschaltet ist, gleichgeschaltet ist." Es folgt ein weiteres Pauschalurteil: „Egal, welche Tageszeitung", „egal, welchen Fernsehsender" er konsumiert, er fände „überall die gleichgeschaltete Berichterstattung".

Der Politiker suggeriert bei den eigenen Anhängern eine große Verschwörung innerhalb der Medienlandschaft, „alles" sei „durchgeschaltet", die Bevölkerung werde für „dumm" verkauft. Praktischerweise liefert er den eigenen Fans gleich eine Empfehlung mit, wie sie reagieren sollen: „Hinein in die moderne Kommunikation", sagt der Parteichef. Wobei er gleich klarstellt, welchen Teil der modernen Kommunikation er meint: „Man nennt es auch alternative Medien".

Strache ist nicht der einzige Populist, der seinen Wählern eine Abschottungsstrategie gegenüber den etablierten Medien empfiehlt. Trump hat im Wahlkampf zu Anhängern einmal gesagt: „Vergesst die Presse. Lest das Internet. Studiert andere Dinge, geht nicht zu den Mainstreammedien."[76] So zitierte ihn das Coloradio Public Radio – ein öffentlich-rechtliches Medium, dem Trump als Präsident, wie allen anderen auch, die Finanzierung aus Bundesmitteln strich.

7. Populisten kreieren Parallelrealitäten

Diese Zitate deuten bereits auf die mediale Strategie einiger Populisten hin: Sie nähren den Zweifel an etablierten Medien und empfehlen kraftvoll, ins Internet auszuweichen. Und ausgerechnet im Internet finden sich dann „alternative Medien", die auffallend freundlich über die jeweilige Partei berichten und harte Worte über ihre politischen Gegner finden. Sehen wir uns das anhand der drei Beispiele Trump, FPÖ in Österreich und AfD in Deutschland an:

Bekannt ist, dass Trumps früherer Wegbegleiter und Wahlkampfleiter Steve Bannon eine zentrale Rolle im Rechtsaußen-Medium „Breitbart" spielte, wo er bis zur Trump-Kampagne als Vorstandsvorsitzender fungierte. Mittlerweile hat sich Trump mit Bannon zerworfen, doch die Beziehung zwischen Trump und dieser einschlägigen Webseite bleibt interessant. Wie berichtete „Breitbart" über die US-Wahl? Als Trump die Abstimmung gewann, bot „Breitbart" in seinem Webshop ein T-Shirt mit den fetten Lettern „HISTORY" an, darunter stand das Datum des Wahltags. In den Wochen zuvor wurden Texte über Trump geschrieben wie: „28 Dinge, die Donald Trump als Präsident verspricht zu machen."[77] Oder: „8 Worte, die zeigen, dass Donald Trump es ernst meint mit amerikanischen Jobs und Industrie".[78] Auch Hillary Clinton bekam von „Breitbart" eigene Listen gewidmet, nur klang das bei ihr etwas anders: „Top 7 Anklagepunkte, die Hillary Clinton als Präsidentin beggegnen könnten".[79] Und: „Donald Trump hat recht: Hillary Clinton ist scheinheilig. Hier sind 10 Beispiele."[80]

Es ist falsch, den Erfolg von Populisten wie Trump einfach auf solche neuen Medien zurückzuführen. In der breiten Bevölkerung ist zum Beispiel ein TV-Kanal wie Fox News wesentlich quotenstärker. Jedoch kann man Angebote

7. Populisten kreieren Parallelrealitäten

wie Breitbart als Komplementärprogramm verstehen – sie erweitern die Debatte im konservativen Lager weiter nach rechts und sie verschärfen die Tonalität.

Das ist im deutschsprachigen Raum wenig bekannt, aber anfangs berichtete Fox News noch deutlich kritischer über Trump als potenziellen Kandidaten für die Republikaner. Breitbart.com griff den Kanal damals massiv an, nannte Fox News etwa das „Anti-Trump-Network" und behauptete sogar, der rechte TV-Sender setze sich für offene Grenzen ein. Hier wurde medial Druck aufgebaut, dass Fox News freundlicher über den Kandidaten Trump berichten solle.[81]

Im Umfeld einiger populistischer Akteure finden wir Online-Medien, die auffällig huldigend und wenig journalistisch über den jeweiligen Kandidaten berichten: Und den Fans dieses Politikers liefern diese Webseiten die passende Berichterstattung, sie teilen ihnen permanent mit, warum das eigene Lager großartig und die politische Konkurrenz verachtenswert ist.

Ein symbiotisches Verhältnis zwischen einzelnen „alternativen" Medien und Populisten lässt sich auch im deutschsprachigen Raum beobachten. Hier ist die FPÖ ein digitaler Vorreiter, hat ein dichtes Geflecht an eigenen Partei-Accounts angelegt. Und auch in Österreich gibt es „alternative" Medien – relativ bekannt ist die Webseite unzensuriert.at, die ein deutliches Naheverhältnis zur Partei hat. Zum Beispiel arbeitet der Geschäftsführer der Seite, Walter Asperl, als Referent im freiheitlichen Parlamentsklub. Der langjährige Chefredakteur der Seite, Alexander Höferl, leitete zeitgleich auch das freiheitliche Kommunikationsbüro. Mittlerweile hat er diese Funktionen niedergelegt und ist für die operative Kommunikation von FPÖ-Innenminister Herbert Kickl zuständig.

7. Populisten kreieren Parallelrealitäten

Unzensuriert.at ist ein rechtes Kampfmedium. Wie berichtet diese Seite über die heimischen Rechtspopulisten und andere Politiker? Für das Nachrichtenmagazin „Profil" habe ich mit meinem Kollegen Jakob Winter einmal folgendes Experiment gemacht. Wir lasen zwei Wochen lang jeden Artikel der FPÖ-nahen Seite „unzensuriert" und notierten, welche Partei positiv und welche negativ weggekommen ist. In den 124 analysierten Artikeln war kein einziger negativ über die FPÖ. Zum Vergleich: Alle andere Parteien (SPÖ, ÖVP, Grüne, Neos) kamen hauptsächlich negativ weg.[82] Mittlerweile betreibt das Medium auch einen deutschen Ableger namens unzensuriert.de. In einer Undercover-Reportage von RTL erklärte der damalige Chefredakteur Höferl einer deutschen Journalistin vor verdeckter Kamera die Ausrichtung der Seite: „So weit können wir das ja zugeben: Wir machen ja nicht dieses Medium, weil uns am unabhängigen Journalismus so sehr gelegen ist, sondern weil wir diese politischen Bewegungen in gewisser Weise unterstützen wollen […]." Mit „politischen Bewegungen" sind hier die FPÖ und die AfD gemeint.[83]

Allerdings gibt es auch längst in Deutschland rechte Webseiten, die mit einer freundlichen Berichterstattung über die dortigen Rechtspopulisten auffallen: Die „Zeit" nannte das umstrittene „Compact Magazin" einmal den „publizistischen Arm der AfD".[84] Ein solches Werturteil erscheint wenig überraschend, wenn man einzelne Texte von Chefredakteur Jürgen Elsässer auf der Seite von „Compact" liest. Als die AfD ihre Spitzenkandidaten für die Bundestagswahl wählte, schrieb Elsässer dazu in einer „Eilmeldung": „Der Parteitag der Einigkeit geht weiter. Mit über 90 Prozent wurde das Wahlprogramm beschlossen,

7. Populisten kreieren Parallelrealitäten

mit 67 Prozent setzte sich das Spitzenduo Gauland/Weidel durch. Somit können sich die Liberalen im Westen ebenso vertreten fühlen wie die Patrioten im Osten. Kein quälender Streit, keine Kampfabstimmungen – sondern Geschlossenheit – das ist wunderbar!"[85]

„Compact" ist längst nicht die einzige Redaktion, deren AfD-affine Berichterstattung auffiel: Seit Juli 2017 erscheint die Zeitung „Deutschland-Kurier" bundesweit sowohl in Print als auch online. Das Layout erinnert an klassische Boulevardmedien, aber die Inhalte weisen eine besonders schrille rechte Note auf. Auf der Webseite wird Angela Merkel in einer Zwangsjacke abgebildet und die deutsche Politik als „Irrenhaus" beschrieben, das Medium bringt sogar ein eigenes „Irrenhaus-Tagebuch" heraus.[86] Die „Wirtschaftswoche" nennt die Publikation „eine Mischung aus Breitbart und Bild", wobei unklar bleibt, woher genau das Geld für dieses Produkt kommt.[87] Wöchentlich ein eigenes Printprodukt herauszubringen, ist ein kostspieliges Unterfangen, pro Heft werden lediglich 30 Cent zuzüglich Versandkosten verlangt. Sowohl das Medium als auch die AfD dementieren laut „Wirtschaftswoche" Verbindungen zueinander. Angeblich werde das Blatt aus größeren und kleineren Spenden finanziert – nur von wem genau die stammen, wird nicht offengelegt. Kolumnen schreiben unter anderem der Dresdner AfD-Politiker Maximilian Krah (sein Format heißt „hier kräht der Krah) sowie der AfD-Bundestagsabgeordnete Jan Nolte (er darf regelmäßig „aus dem Alltag eines Abgeordneten" erzählen). Auffällig positiv kommen Rechtspopulisten im Blatt vor. Ein Artikel behauptet beispielsweise, „dank des Merkelschen ‚Willkommensputsches' gehört christenfeindliche Gewalt immer mehr zur grausigen Normalität in

Deutschland", und zitiert dazu voller Anerkennung die AfD-Parteispitze: „Alice Weidel, Fraktionsvorsitzende der AfD im Deutschen Bundestag, bringt es auf den Punkt: ‚Wer Christenfeindlichkeit bekämpfen will, darf keine Christenhasser importieren'." [88]

Auch die deutschen Rechtspopulisten scheuen nicht den Kontakt zu fragwürdigen Webseiten. Im Januar 2018 gab Alice Weidel dem islamfeindlichen Blog „Politically Incorrect" ein Videointerview – diese Webseite bezeichnet Flüchtlinge beispielsweise als »Merkels Fiki-Fiki-Fachkräfte«.[89] Weidel lobt im Interview die Seite »Politically Incorrect« und sagt: »Alternative Blogs wie Sie sorgen für mehr Transparenz.«[90]

Angesichts derartiger Berichterstattung erscheint es durchaus logisch, dass Rechtspopulisten alternative Medien empfehlen. Diese symbiotische Beziehung mit neu entstandenen Portalen ist dabei nur ein Teil der rechten Medienstrategie. Wir können beobachten, wie Parteien massiv eigene Accounts forcieren und online ein neuer Machtfaktor in der Meinungsbildung entsteht. Einzelne populistische Parteien bauen gekonnt eine eigene Parallelwelt auf sozialen Medien auf, in der Bürger permanent mit brisanten Botschaften passend zur Parteilinie versorgt und bedient werden.

Wenn ich als Österreicherin nach Deutschland blicke, finde ich es immer wieder beeindruckend, in welchem Tempo die AfD sich ein mediales Gegen-Netzwerk errichtet hat. Nachdem die Partei den Einzug in den Bundestag geschafft hat, und ihr somit auch mehr Gelder zur Verfügung stehen, intensiviert sie ihre Medienbestrebungen: So arbeitet die Partei anscheinend an einem eigenen „Newsroom", bei dem 20 neue Mitarbeiter zur bisherigen Pressestelle hinzukommen. Und das vorrangige Ziel ist hier laut „Focus" nicht,

7. Populisten kreieren Parallelrealitäten

Journalisten mit Information zu beliefern, sondern über soziale Medien direkt Bürger anzusprechen.[91]

Viele Sympathisanten der AfD folgen schon jetzt nicht nur einem Partei-Account oder zwei, ihr Feed ist voll mit der Rhetorik dieser Partei. Nehmen wir exemplarisch erneut die Bayerin, die ich zu Beginn dieses Buchs zitiert habe: Sie folgt auf Facebook nicht nur dem Hauptaccount der Alternative für Deutschland, sondern hat mehr als ein Dutzend weiterer AfD-Fanpages abonniert. Unter den anderen deutschen Parteien folgt sie der CSU und dem designierten bayerischen Ministerpräsident Markus Söder auf Facebook.

Nun könnte man sagen, dass meine Interviewpartnerin ein extremes Beispiel ist – allerdings weisen einige Menschen aus dem Milieu der AfD ein dergestaltig intensives Klickverhalten einschlägiger Seiten auf. Dazu hat die „Süddeutsche Zeitung" eine interessante Auswertung gemacht: Die Journalisten analysierten das Like-Verhalten von rund 5.000 Facebook-Nutzern, mehr als eine Million Likes wurden ausgewertet. Mittels dieser Daten konnte die Zeitung die politische Debatte auf Facebook vermessen, siehe Seite 85.

Diese Analyse zeigt vor allem, dass ein deutlicher Abstand zwischen Internetnutzern aus dem Umfeld der AfD zum Rest des politischen Feldes herrscht. Am nächsten ist tatsächlich noch die CSU. Die große Distanz zwischen AfD und anderen Parteien ergibt sich aus der statistischen Berechnung der Likes tausender Nutzer: Es scheint, Menschen aus dem AfD-Milieu bleiben tendenziell etwas stärker unter sich. „Die AfD verharrt eher in einer Echokammer", schreibt die „Süddeutsche Zeitung" dazu.[92]

Die AfD ahmt offensichtlich auch Medienstrategien der österreichischen Rechtspopulisten nach – nicht zuletzt

7. Populisten kreieren Parallelrealitäten

deswegen, weil die Freiheitliche Partei eine Medienmacht in Österreich geworden ist. FPÖ-TV ist ein YouTube-Kanal, auf dem die Partei seit Herbst 2012 jede Woche eine eigene Sendung macht. Die Beiträge werden moderiert, die Optik soll an klassische Nachrichtensendungen erinnern – nur mit ausgewogenem Journalismus hat dieses Format wenig zu tun. Sendungen tragen Titel wie „Willkommenskultur ruiniert Sozialstaat Österreich", Beiträge widmen sich Themen wie: „HC Strache zu Besuch am Bauernhof in Vorarlberg."[93] Das eigene Videoteam nützt der Partei vor allem insofern, als dass sie permanent aktuelles Bildmaterial für Facebook hat. Auch werden Pressekonferenzen des Parteichefs mittlerweile standardmäßig auf Facebook live gestreamt.

Die Rechtspopulisten haben speziell auf Facebook eine immense Reichweite: Vizekanzler Heinz-Christian Strache zählt mittlerweile 770.000 Fans – er ist gemessen an Likes der erfolgreichste österreichische Politiker auf dem sozialen Netzwerk, und sein Account wird vom FPÖler Alexander Höferl als „Drehscheibe" ihrer Kommunikation erzielt. Zur Erinnerung: Höferl war auch langjährig bei unzensuriert.at involviert.[94]

Die FPÖ ist mittlerweile so erfolgreich auf Facebook, dass sie auf etablierte Medien in vielen Fällen gar nicht mehr angewiesen ist: Sie kann ohnehin selbst Themen im Netz setzen, die dann häufig im klassischen Journalismus breit zitiert werden. Und die Reichweite der FPÖ ist dermaßen hoch, dass kein österreichisches Medium an ihre Fanzahlen oder Interaktion herankommt. Ein Vergleich: Strache hat 770.000 Fans. Im Januar 2018 erzielten seine Postings im Schnitt 2.400 Interaktionen (also Likes, Shares und Kommentare zusammengerechnet, analysiert mit dem Webtool

7. Populisten kreieren Parallelrealitäten

fanpagekarma.com). Österreichs größte Tageszeitung, die „Kronen Zeitung", hat rund 295.000 Fans und kommt im Schnitt auf 440 Interaktionen pro Posting.

Das heißt: Einen Beitrag, den der Rechtspopulist Strache postet, sehen auf Facebook im Schnitt wesentlich mehr Menschen als Einträge der „Kronen Zeitung". Hier ändern die sozialen Medien auch die Machtverhältnisse: Früher hofften Politiker darauf, mit einer Ansage in der „Krone" vorkommen zu können. Heute profitiert die „Krone" in ihrer digitalen Reichweite, wenn sie vom Rechtspopulisten auf Facebook geteilt wird – in einem Interview mit dem Magazin „Fleisch" erklärte dazu auch der Online-Chefredakteur Richard Schmitt: „Wenn Strache einen normalen Bericht von uns auf Facebook teilt, dann merken wir, das haut die Quote auf das 1,5-Fache hoch. Und umgekehrt kriegt er auch mehr Traffic, wenn wir ihn pushen."[95]

Von einer solchen Medienmacht ist die AfD noch weit entfernt – auch ist mir kein deutsches Beispiel bekannt, bei dem der Chefredakteur eines führenden Mediums eine solche Wortwahl („wenn wir ihn pushen") pflegt. Offensichtlich ist jedenfalls, dass die FPÖ ein beeindruckend großes digitales Universum für sich und seine Anhänger aufgebaut hat und dass die AfD dies als Vorbild nimmt.

Mehrere Faktoren helfen also Parteien wie der AfD oder der FPÖ im Netz: Um sie herum sind „alternative Medien" entstanden, die passend zu ihrer Weltsicht berichten und teils in einem intransparenten Naheverhältnis zur Partei stehen; zweitens betreiben diese Parteien eine immens zielstrebige Online-Strategie, bei der sie ihren Fans eine Abschottung von etablierten Medien nahelegen und sie stattdessen mit einer Vielzahl eigener Accounts versorgen. Drittens ist es

7. Populisten kreieren Parallelrealitäten

auch für Mainstreammedien verlockend, die Aussagen dieser Rechtspopulisten aufzugreifen – weil es emotionalisiert und Klicks bringt.

Sowohl links als auch rechts im politischen Spektrum passen populistische Akteure gut zur Logik von Social Media: Ihre Äußerungen sind leicht verständlich und aufwühlend, es gibt ein klares Freund-Feind-Schema. In Italien zum Beispiel hat der Kabarettist Beppe Grillo ebenfalls über das Internet die populistische Fünf-Sterne-Bewegung gestartet – eine Partei, die eine Mischung linker und rechter Elemente aufweist.[96] Im Umfeld dieser Partei sind ebenfalls unseriöse Webseiten zu finden, die passend zur Ausrichtung skandalöse und teils falsche Meldungen verbreiten.[97]

Besonders problematisch ist hierbei, dass gerade einige politische Provokateure beeindruckend oft mit falschen Aussagen auffallen – und diese anschließend nicht unbedingt korrigieren. Die amerikanische Faktenchecker-Seite Politifact.com hat zum Beispiel schon mehr als 500 Statements von Donald Trump kontrolliert und 69 Prozent seiner Aussagen fanden sie herausragend falsch, falsch oder größtenteils falsch.[98] Leider fehlt im deutschsprachigen Raum eine Webseite wie „Politifact", die minutiös für alle einflussreichen Politiker dokumentiert, wie oft diese nachweisbar die Wahrheit oder Unwahrheit sagten. Hierzulande gibt es nur teilweise Daten dazu.

Die Webseite „Hoaxmap" zeigt zum Beispiel auf einer Landkarte an, in welchen Ortschaften im deutschsprachigen Raum Falschmeldungen über Flüchtlinge aufgedeckt worden sind (im Englischen werden Erfindungen auch „Hoax" genannt). Mitunter verbreiten Bürger derartige

7. Populisten kreieren Parallelrealitäten

Fehlinformationen und rechte Akteure greifen diese Behauptungen dann auf. Das erzählte Lutz Helm, einer der Hoaxmap-Betreiber, im Dezember 2016 am Chaos Computer Congress in Hamburg: „Wir haben aber eben auch ein paar Parteien hier [...], die nicht unbedingt die Gerüchte sich ausgedacht haben, aber die sie sehr prominent platziert haben. Ganz vorne ist da hier wiederum die AfD, außerdem die FPÖ aus Österreich."[99]

Im September 2015 hat Heinz-Christian Strache etwa auf Facebook einen vermeintlichen Augenzeugenbericht geteilt, wonach Flüchtlinge in Wien einen Supermarkt „überrannt" hätten – sogar eine Spezialeinheit der Polizei hätte demnach dort ausrücken müssen. Diese Geschichte war allerdings erfunden, wie die betroffene Supermarktkette offenlegte. Statt dies daraufhin sofort richtigzustellen, löschte die FPÖ das Posting kurzerhand.[100] Seine Fans bekamen von ihm also nicht einmal eine Fehlerbeseitigung geliefert.

Auch die AfD fällt wiederholt mit falschen Behauptungen auf – ein Beispiel: Im Mai 2017 postete die Partei auf Facebook, dass die evangelische Theologin Margot Käßmann sinngemäß gesagt hätte: „Wo Deutsche Kinder bekommen, da weht ein ‚brauner Wind'".[101] Nur ist das eine groteske Umdeutung der Worte der früheren Bischöfin: Diese hatte beim Evangelischen Kirchentag kritisiert, dass die AfD eine „Erhöhung der Geburtenrate der einheimischen Bevölkerung" fordere, das erinnere sie an den „kleinen Arierparagraphen der Nazis: Zwei deutsche Eltern, vier deutsche Großeltern – da weiß man, woher der braune Wind wirklich weht." Die Theologin äußerte also Kritik an den Vorschlägen der rechtspopulistischen Partei und an Deutschtümelei. Woraufhin die AfD dies so uminterpretierte, als müssten

7. Populisten kreieren Parallelrealitäten

jetzt alle Deutschen beleidigt sein. Bundesvorsitzender Jörg Meuthen postete auf Faceook sogar: „Liebe Leser, haben Sie zwei deutsche Eltern und vier deutsche Großeltern? Dann sind Sie ein Nazi. Zumindest wenn es nach Margot Käßmann geht."[102] Auch das ist eine grobe Falschdarstellung dessen, was die Theologin wirklich kritisierte. Und obwohl diese sinnentfremdende Zitierung seriöse Medien wie uebermedien.de aufzeigten, bleibt diese Behauptung unkorrigiert online stehen.[103] Bis heute finden Sie sowohl das Posting der AfD als auch jenes von Jörg Meuthen auf Facebook, aber eine Entschuldigung oder eine Korrektur finden Sie dort nicht. Der angebliche „Mut zur Wahrheit", den die Partei gerne auf ihre Wahlbroschüren druckt, ist hier jedenfalls nicht erkennbar. Klicktechnisch scheint sich diese Aussage aber rentiert zu haben. Allein der Beitrag von der AfD-Hauptseite wurde 8700 Mal gelikt, kommentiert oder geteilt.

Die Linguistin Ruth Wodak konstatiert bei rechtspopulistischen Parteien eine „Arroganz der Ignoranz" als Wesensmerkmal. „Appelle an den gesunden Menschenverstand und Anti-Intellektualismus markieren eine Rückkehr zu vormodernistischem Denken, also vor der Aufklärung", schreibt sie in ihrem Buch „Politik mit der Angst".[104] In einem solchen Setting lassen sich unliebsame Fakten leicht beiseitewischen. „Die diskursiven Strategien der ‚Täter-Opfer-Umkehr', der Bestimmung von ‚Sündenböcken' und der ‚Konstruktion von Verschwörungstheorien' gehören […] zum unverzichtbaren ‚Werkzeug' rechtspopulistischer Rhetorik", notiert sie.[105] Diese Trickkiste rechter Provokateure ist gewiss keine Erfindung des Internetzeitalters: Jörg Haider, der Urvater des modernen Rechtspopulismus in Österreich, hat solche Methoden schon in den 1990ern praktiziert – und damit

7. Populisten kreieren Parallelrealitäten

immense mediale Aufmerksamkeit geerntet. Der Unterschied ist nur: Wir können uns diese rhetorischen Muster von Populisten jetzt jeden Tag online ohne journalistischen Filter ansehen – und für diese Parteien stellt das eine immense Chance dar, ungefiltert ihr Publikum zu erreichen. Da wundert es nicht, wenn Rechtspopulist Heinz-Christian Strache so überzeugt den deutschen Fans nahelegt, „hinein in die moderne Kommunikation" zu gehen.

Politische Landschaft auf Facebook

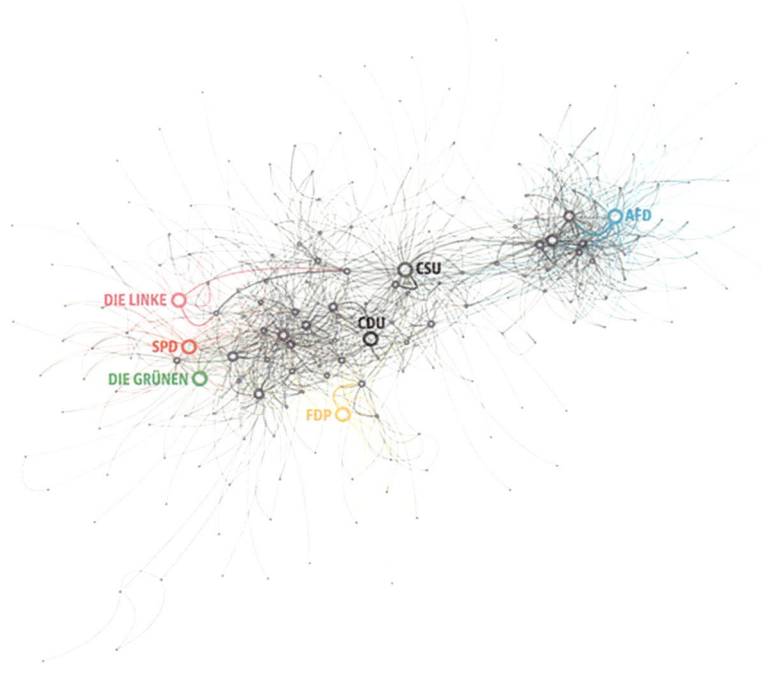

Quelle: „Süddeutsche Zeitung

– 8 –

LEBEN WIR IM INFORMATIONSKRIEG?

Befinden wir uns derzeit in einem Informationskrieg? Tatsächlich ist das eine Idee, die von manchen Wissenschaftlern – speziell in den USA – diskutiert wird. Sie beobachten, wie in Teilen der Bevölkerung das Vertrauen in bestehende Institutionen gezielt erschüttert wird, wie mit digitalen Tools dabei Stimmung gemacht wird, und sie sind beunruhigt. „Der Informationskrieg hat begonnen", urteilte etwa die bekannte Kommunikationsforscherin Danah Boyd im Januar 2017.[106]

Wenn Boyd diesen Begriff nutzt, bezieht sie sich speziell auf das erhitzte politische Klima in den USA, und sie rekurriert dabei auch auf die Rhetorik rechter Akteure, die massiv das Vertrauen in etablierte Medien zu untergraben versuchen. Zum Beispiel wird auf einschlägigen Verschwörungstheorie-Webseiten seit Jahren die These verbreitet, man befände sich in einem „Informationskrieg". Demnach würden die vermeintlichen Eliten „das Volk" belügen, gezielte Desinformation durchführen, und nur diese Webseiten würden tatsächlich die Wahrheit sagen.

Das klingt ziemlich crazy, aber tatsächlich finden solche Botschaften ein Publikum: In den USA zum Beispiel gibt es die Webseite infowars.com, die den Informationskrieg sogar zum namensgebenden Thema gemacht hat. Seit Mitte der 1990er-Jahre ist „infowars" online und behauptet: „There's a war on your mind." Zu Deutsch: „Es wird Krieg um deine Gedanken geführt." Betrieben wird die Seite vom „Talk Radio"-Moderator Alex Jones, dem wohl bekanntesten Verschwörungstheoretiker der USA. In einem seiner berüchtigten Videos hat er behauptet: Deutschlands Kanzlerin Angela

8. Leben wir im Informationskrieg?

Merkel würde al-Kaida und die Terrorgruppe IS unterstützen.[107] Auch vertritt er die Ansicht, dass die Terroranschläge des 11. September 2001 ein „inside job" gewesen seien, also dass die Regierung mit unter der Decke gesteckt hätte.[108]

Dergleichen unbelegte Theorien klingen für die meisten Bürger grotesk, aber nicht für alle. Mit seinen Wut-Attacken und der extremen Rhetorik hat sich Alex Jones ein dazu passendes Publikum – und ein funktionierendes Geschäftsmodell – erarbeitet. In seinem „Infowars Store" kann man sich mittlerweile Vitaminkapseln kaufen, die angeblich das Denken verbessern (Preis: 29,95 Dollar).[109] Sowie ein T-Shirt, auf dem Bill Clinton vorgeworfen wird, ein Vergewaltiger zu sein (Preis: 19,95 Dollar).[110] Um 497 Dollar kann man sich auch eine „Concealed Armored Vest" kaufen – für jene Amerikaner, die mit einer kugelsicheren Weste das Haus verlassen wollen.[111]

Eigentlich sollte man jemandem wie Alex Jones lieber nicht zu viel Platz einräumen, das Problem ist nur: Mit der Wahl von Donald Trump sind solche „alternativen" Medienmacher deutlich salonfähiger geworden. Im Wahlkampf gab Trump dem umstrittenen Internetportal-Betreiber Alex Jones sogar ein Interview – er sprach also mit jemandem, der Angela Merkel als Unterstützerin des IS bezeichnet und Verschwörungstheorien über 9/11 verbreitet hat. Auch ist der Kanal infowars.com Teil eines größeren Phänomens – einer neu gewachsenen, dubiosen Medienszene im amerikanischen Internet.

Im Englischen werden solche alternativen Webseiten auch „hyper-partisan media" genannt, zu Deutsch hyperparteiische Medien. Ich halte das für einen klugen Begriff, weil er zum Vorschein bringt, dass solche Webseiten vor allem Meinung verbreiten – und zum Teil sehr extreme

8. Leben wir im Informationskrieg?

Die gespaltene digitale Debatte

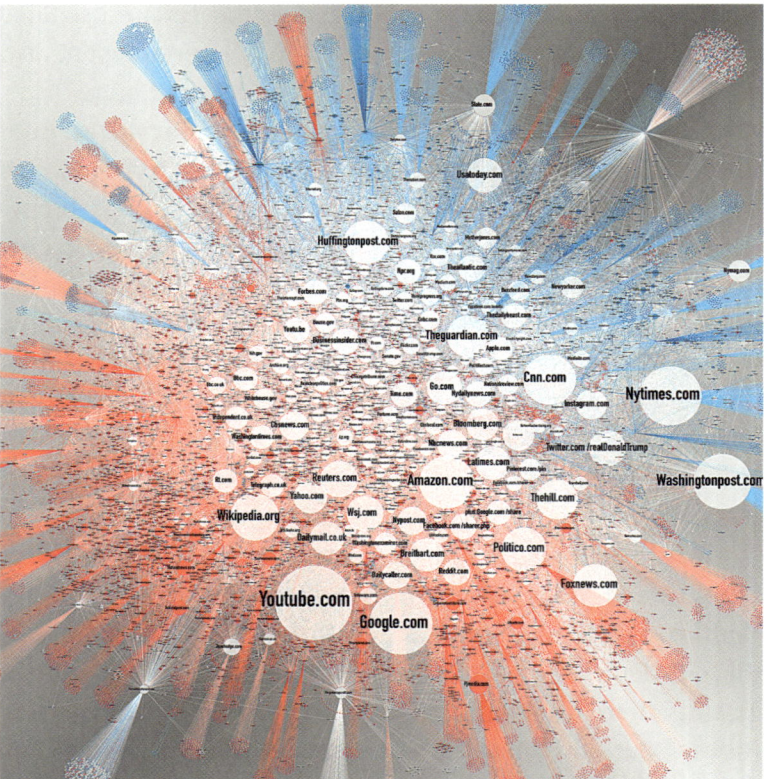

Quelle: Jonathan Albright, diese Auswertung findet man auch unter https://medium.com/@d1gi/

Meinungen. Solche Medienmacher reüssieren womöglich auch deswegen in den USA, weil dieses Land besonders stark in zwei Lager gespalten ist. Diese Polarisierung ist höchstwahrscheinlich kein Effekt des Internets – sondern begann schon lange zuvor. Laut einer Studie der Ökonomen Levi Boxell, Matthew Gentzkow und Jesse Shapiro wächst die politische Spaltung in den USA seit den 1980er-Jahren.[112] Und

8. Leben wir im Informationskrieg?

auch der konservative Kabelsender Fox News scheint die Polarisierung mit anzutreiben.[113]

In diesem ohnehin schon erhitzten politischen Umfeld florieren nun einzelne parteiische Webseiten. Ein wesentlicher Faktor hier ist Ökonomie: Die Verbreitung von Information oder auch Desinformation ist extrem billig geworden: Wenn Sie nur 100 Euro in die Hand nehmen, können Sie damit schon eine seriös wirkende Webseite ein Jahr lang betreiben. Die Domain, also die Internetadresse, und der Speicherplatz kosten sie etwa fünf Euro im Monat. Die Blogging-Software, die auch viele Medienhäuser verwenden, ist gratis. Um 20 bis 40 Euro kann man sich aber noch ein hübsches Design dafür kaufen, damit die eigene Seite möglichst professionell aussieht: Um 100 Euro ist man plötzlich Medienmacher. Diese Demokratisierung von Information ist positiv – es ist gut, dass durch das Netz mehr Menschen ihre Perspektive einbringen können. Gleichzeitig bedeutet dies aber auch, dass parteiische Inhalte sehr leicht und sehr günstig verbreitet werden können, und sowohl im linken als auch im rechten Spektrum sind neue hyper-parteiische Seiten herangewachsen.

Generell scheinen sich rechte Akteure besonders klug zu vernetzen und auch auf Plattformen wie YouTube auszubreiten. Das geht zumindest aus Datenanalysen wie jener des Kommunikationsforschers Jonathan Albright hervor. Er hat ein sogenanntes Mapping gemacht – das heißt, er hat das amerikanische digitale Mediensystem vermessen und analysiert, welche Medien zu welchen anderen Webseiten verlinken. (Siehe Grafik S. 88)[114]

Auf den ersten Blick fallen bei dieser Abbildung vor allem das große rote und das große blaue Feld auf, wobei das rote weiter ausgedehnt ist. Die roten Punkte sind Seiten, die einzig und allein zu rechtsorientierten Webseiten verlinken. Und die blauen Punkte sind Seiten, die ausschließlich zu linksorientierten Webseiten verlinken. Die Farbgebung ist für Europäer vielleicht überraschend – sie erklärt sich dadurch, dass in den USA Rot die Farbe der Republikaner und Blau die Farbe der Demokraten ist.

„Wir sehen, dass die rechte Sphäre deutlich präsenter in diesem Ökosystem ist", sagt Albright über seine Ergebnisse. Wohlgemerkt ist seine Netzwerkanalyse keine inhaltliche Untersuchung, sondern eine rein quantitative Auswertung. Zum Beispiel mag es verwundern, dass ausgerechnet rechte Seiten wie „Breitbart" weiß (und nicht rot) markiert sind. Das liegt daran, dass sämtliche Medien, die Hyperlinks sowohl ins rechte als auch linke Lager aufweisen, weiß eingefärbt sind. Allerdings liegt „Breitbart" eindeutig im rechten Milieu auf dieser Landkarte. Das heißt, es gibt mehr Querverbindungen zwischen „Breitbart" und einschlägig rechten Seiten.

Was allerdings zu einer nächsten Überraschung führt: Auch YouTube und Google sind tief im rechten Spektrum eingebettet. Auch das ist keine inhaltliche Einordnung, sondern zeigt, dass rechte Seiten stärker dorthin verlinken. Viele obskure und rechte Medien haben ihre eigenen YouTube-Kanäle, auf denen sie ihre Thesen verbreiten – so wie Alex Jones („Infowars" ist übrigens der kleine weiße Punkt zwischen YouTube und Google). Albright dazu: „Eine frühe Erkenntnis meiner Datenauswertung war, dass YouTube anscheinend sehr stark genutzt wird, um extremistisches rechtes Material oder beispielsweise auch Verschwörungstheorien zu verbreiten." Dass es ein neu herangewachsenes Feld gibt, in dem parteiische Seiten ihre Weltsicht verbreiten,

8. Leben wir im Informationskrieg?

zeigen Netzwerkanalysen wie diese. Das Bemerkenswerte daran ist: Viele dieser mittlerweile wichtigen Knotenpunkte gab es vor zehn oder 15 Jahren noch gar nicht. „Breitbart" wurde zum Beispiel erst 2007 gegründet.

Es wäre ein Fehlschluss, dass Medien wie „Breitbart" oder „Infowars" mittlerweile zum Mainstream gehören – so unausgewogen ist die allgemeine Mediennutzung nicht. Sehr wohl aber weist ein kleiner Teil der Bevölkerung eine deutlich einseitige Mediennutzung auf, speziell unter Republikanern.[115] In diese Nische haben solche Seiten eine Strahlkraft. Der bedeutendste Einfluss allerdings, den solche Seiten meines Erachtens haben, ist, dass sie nicht in einem gesellschaftlichen Vakuum existieren: Hyper-parteiische Medien prägen mit, worüber insgesamt in der Medienlandschaft gesprochen wird. Das heißt, Themen, die in linken oder rechten hyper-parteiischen Blogs aufgebracht werden, werden dann häufig in etablierten Medien behandelt. „Parteiische Medien sind ein wichtiger Faktor geworden, welche Themen behandelt werden", sagt Medienwissenschaftler Chris Vargo von der Universität of Colorado Boulder. Er analysierte mit seinem Kollegen Lei Guo die Themensetzung im Jahr 2015 in den USA und kam zum Schluss, dass solche parteiischen Webseiten am einflussreichsten für breit diskutierte Themen waren.[116] Das legt den Schluss nahe, hyper-parteiische Seiten können durchaus eine Verschiebung bringen, worüber gesamtgesellschaftlich gesprochen wird – auch wenn etablierte Medien dann natürlich in anderer Tonalität über die jeweiligen Themen berichten.

Ein Problem hierbei ist natürlich, dass unter parteiischen Seiten viel Zuspitzung und teils falsche Berichte verbreitet werden. Eine interessante Auswertung dazu führte das Onlinemedium „Buzzfeed" durch, das besonders tendenziöse Seiten auf Facebook und ihre Aussagen überprüfte. Der „Buzzfeed"-Redakteur Craig Silverman hat gemeinsam mit Kollegen 2.200 Beiträge auf die inhaltliche Richtigkeit hin ausgewertet: Konkret wurden drei Facebook-Seiten aus dem klar rechten Spektrum („Right Wing News", „Eagle Rising" und „Freedom Daily") beobachtet; sowie drei eindeutig linke Seiten („Occupy Democrats", „The Other 98 %" und „Addicting Info"). Ergänzend sahen sich die Journalisten auch die Inhalte an, die etablierte Redaktionen wie „CNN Politics", „Politico" und „ABC News Politics" auf Facebook verbreiteten. Jeweils wurde analysiert, ob die erwähnten Fakten „großteils richtig", „großteils falsch" oder „teils falsch" waren.

Was fanden die Journalisten heraus? Bei den hyper-parteiischen Seiten war das Level der Fehlinformation erschütternd hoch. 38 Prozent der Beiträge, die die rechten Seiten verbreitet hatten, waren großteils falsch bis teils falsch. Bei den linken Medien wiederum waren immerhin 19 Prozent der verbreiteten Texte großteils falsch bis teils falsch – also immerhin noch einer von fünf. Im Vergleich dazu gab es deutlich weniger Falschmeldungen im klassischen Journalismus – hier war es „nur" rund eine von hundert Meldungen.[117]

Die „Buzzfeed"-Auswertung macht deutlich, mit welch unseriösen Behauptungen besonders einseitige Facebook-Fanpages hantieren. Zwei von zehn Beiträgen dieser linken Seiten waren zumindest zum Teil falsch, vier von zehn Postings im rechten Spektrum waren zumindest zum Teil falsch.

Ich habe Craig Silverman gefragt, ob er mit diesen Ergebnissen gerechnet hatte. Er meinte: „Ich war überrascht, dass

8. Leben wir im Informationskrieg?

der Anteil für die rechtsorientierten Seiten so viel höher lag. Insgesamt waren die Prozentzahlen wohl etwas ausgeprägter, als wir vermutet hatten. Nur muss man sagen: Wer sich mit solchen Seiten und ihren Facebook-Fanpages beschäftigt, der weiß, dass sie über Emotion funktionieren. Sie schüren Ärger über das jeweils andere Lager. Wenn man darauf ausgerichtet ist, solche Reaktionen auszulösen, werden irgendwann die Fakten im Weg stehen. Jeden Tag sucht man nach neuem wutauslösenden Material, und wenn man gerade nichts findet, muss man andere Wege suchen, Menschen wütend zu machen. Das ist vermutlich der Punkt, an dem man beginnt, die Dinge ein bisschen zu verzerren."

In den USA ist also messbar, dass hyper-parteiische Medien indirekt Einfluss auf die Debatte haben: Einerseits gibt es eine Nische in der Bevölkerung, die diese Seiten stark frequentiert. Andererseits werden Themen, die solche Seiten setzen, dann auch von etablierten Medien behandelt. Ob man dies bereits als Informationskrieg einstuft, muss jeder für sich entscheiden, auf jeden Fall sind hyper-parteiische Seiten ebenfalls ein Machtfaktor in der digitalen Debatte in den USA geworden. Wie groß ist nun dieses Phänomen im deutschsprachigen Raum? Ganz ehrlich – hier fehlen ausführliche Auswertungen wie in den Vereinigten Staaten. Womöglich ist dieses Thema auch deshalb in Amerika so genau erforscht, weil dort die Polarisierung so deutlich ist. Sichtbar ist allerdings schon, dass auch bei uns tendenziöse und parteiische Seiten existieren. Nur welche Rolle spielen sie in der Debatte – zum Beispiel auf sozialen Medien?

Um dies zu analysieren, habe ich die Ergebnisse der Webseite 10000flies.de näher studiert. Sie liefert jedes Monat ein Ranking, welche hundert deutschsprachige Medien am stärksten auf den Plattformen Facebook, Twitter und Google+ erfolgreich sind. Diese „Likemedien-Top-100" habe ich für alle Monate des Jahres 2016 gesammelt, insgesamt schafften es rund 150 Webseiten in diesem Jahr in das Ranking – die gesamte Liste finden Sie in meinem Blog.[118] Hier ein paar Erkenntnisse, welche deutschsprachigen Webseiten auf Social Media am stärksten reüssieren (eines vorweg, ich halte diese Übersicht für eher ernüchternd):

- Der Mainstream dominiert: Auf die Spitzenplätze schaffen es in der Regel eindeutig die großen Nachrichtenportale wie „Spiegel", „Bild" oder „Welt". Auch handelt es sich bei vielen „Top 100"-Seiten einfach um Special-Interest-Produkte, die online die Likes ihrer Zielgruppe ernten. Das sind etwa Frauenmagazine, aber auch neue Onlinemedien, die sich beispielsweise mit Hip-Hop oder Tierschutz beschäftigen.
- Trash funktioniert: Auch Webseiten, die sogenanntes Clickbait machen, also mit reißerischen Titeln zum Klicken verlocken, schaffen es oft unter die Top 100. Dazu zählen einschlägig bekannte Seiten wie heftig.de, das Titel bringt wie: „Diese Mutter hat ihr Kind verloren, weil sie bei Facebook einen Fehler gemacht hat. Haltet die Augen offen!"[119] Aber auch andere Seiten – zum Beispiel das Senioren-Portal „wize.life" – locken mit solch marktschreierischen Headlines.
- Alarmistischer Journalismus: Die chinesische „Epoch Times" und die „Deutschen Wirtschafts Nachrichten" fallen mit einer Mischung aus klassischem Journalismus und zugespitzten, mitunter alarmistischen

8. Leben wir im Informationskrieg?

Beiträgen auf.[120] Die Methode wirkt: Sie schaffen es permanent in die Top 100. Auch manche Online-Ableger klassischer Boulevardzeitungen zeigen ein auffällig reißerisches Verhalten – etwa die Seite oe24.at, die prominent über Vergewaltigungsfälle, selbst wenn diese Jahre zurückliegen, berichtet oder Titel bringt wie: „Ende 2016 soll die Welt untergehen".[121/122]

- Kreml-nahe Medien: In jedem Monat im Jahr 2016 schafften es die beiden Webseiten „RT Deutsch" (ehemals „Russia Today") und „Sputnik" in die Top 100. Ziel dieser Medien ist es, eine „Gegenöffentlichkeit" nach russischem Weltbild herzustellen.
- Einschlägig rechte Seiten: Jedes Monat im Jahr 2016 schaffte es die „Junge Freiheit" in die Top 100, der Onlineableger der gleichnamigen rechtskonservativen Zeitung. Auch die FPÖ-nahe Webseite unzensuriert.at aus Österreich ist regelmäßig in den Charts. Sogar die äußerst unseriöse rechte, verschwörungstheorieaffine Webseite anonymousnews.ru kam mitunter in das Ranking. Der Kopp Verlag hat mittlerweile seine Online-Redaktion zwar eingestellt, da zu wenig Spenden kamen, aber er schaffte es 2016 auch in die Charts. Und ebenso das „Compact"-Magazin, das – gleich wie die AfD – den Slogan „Mut zur Wahrheit" verwendet. Es hat sich also eine einschlägig rechte Nische auf Facebook & Co. etabliert.
- Und wo sind die dezidiert linken Gegenangebote? In den 12 Monaten des Jahres 2016 kam lediglich die progressive Online-Kampagnenseite „Campact", die sich für linke Forderungen einsetzt, einmal unter die Top 100. Zwar gibt es im Netz durchaus linke alternative

8. Leben wir im Informationskrieg?

Medien, die deutschen „Nachdenkseiten" wären beispielsweise ein solcher Fall, nur haben sie es kein einziges Mal in die Charts geschafft.

Die gute Nachricht: Etablierte Medien dominieren die Debatte auf Social Media. Wobei man hier generell auch sieht, wie viel Trash und Schund extrem erfolgreich abschneiden. Hyper-parteiische Seiten sind wohl kaum im Kern der Diskussion verankert – aber sie sind zumindest in den Top-Statistiken sichtbar geworden. Einzelne ihrer Beiträge erreichen in der Zielgruppe aus „besorgten Bürgern" eine bedeutende Sichtbarkeit; etwa wenn der Kopp Verlag behauptet, die Regierung würde Geflüchtete unbemerkt mitten in der Nacht einfliegen lassen. Hierzu habe ich auch mit Jens Schröder, einem der Gründer von 10000flies.de, gesprochen, der jeden Monat die Rankings erstellt: „Tatsächlich ist im rechten Feld eine Nische für alternative Medien entstanden. Wobei unsere Daten auch zeigen, dass das anscheinend stark mit dem Thema Flüchtlinge zusammenhängt: Viele dieser Seiten schafften es erstmals in der Flüchtlingskrise in die Top 100. Im linken Spektrum hingegen kenne ich kein Thema, das so viele Reaktionen im Netz auslöst."

Ich hoffe, dass auch im deutschsprachigen Raum Forschung zu hyper-parteiischen Seiten zunimmt. Etliche Fragen könnten in den kommenden Jahren interessant werden. Etwa: Wenn das Thema Flüchtlinge wieder abebbt, sinkt dann auch die Reichweite dieser Seiten? Wächst vielleicht auch eine Nische linker hyper-parteiischer Seiten heran? Oder: Wie wirkt sich der Einzug der AfD auf die Relevanz rechtspopulismus-affiner Medien aus – vergrößert sich das Spektrum? Eines können wir unabhängig davon sehen: Auch

8. Leben wir im Informationskrieg?

der Staat Russland spielt online eine große Rolle. Über die digitale Informationsstrategie des Kreml wird es im nächsten Kapitel gehen.

– 9 –

RUSSLAND: VORTEIL DURCH DISSENS

„Patriotisch denkende Menschen sollten an der Spitze staatlicher Informationsressourcen stehen. Menschen, die die Interessen der Russischen Föderation hochhalten. Das sind staatliche Ressourcen. So wird das nun sein."[123] Mit diesen Worten erklärte Wladimir Putin im Dezember 2013 die Neuausrichtung der russischen Medienpolitik – erst wenige Tage zuvor hatte er die frühere Agentur Ria Novosti eingestellt und stattdessen eine neue staatliche Agentur namens Rossija Sewodnja inklusive neuer Führung eingesetzt.

Wenn Putin so etwas behauptet, dann hat das Auswirkungen auf viele Länder – auch auf den deutschsprachigen Raum. Das journalistische Flaggschiff der Agentur Rossija Sewodnja ist das Onlinemedium „Sputnik News", das auch eine deutsche Online-Ausgabe betreibt. Ebenfalls auffällig sichtbar in den sozialen Medien ist das Medium RT.com, das früher „Russia Today" hieß und ebenfalls dem russischen Staat gehört. „Sputnik" und „RT" stellen die internationale Informationsphalanx der Russischen Föderation dar.

Die Webseite „Sputnik" wurde nach einer berühmten Serie russischer Satelliten benannt. Auch die russischen Auslandsmedien kann man als Satelliten der Kreml-Informationspolitik sehen. Ziel dieser Seiten ist es, „abseits des Mainstreams"[124] zu agieren und über das zu berichten, „worüber andere" angeblich „schweigen" würden.[125] Sie liefern Nachrichten aus russischer Weltsicht und werfen europäischen Medien vor, einseitig oder gar manipulativ vorzugehen. Wie sieht nun die „Gegenöffentlichkeit" aus, die diese Seiten errichten?

9. Russland: Vorteil durch Dissens

Betrachten wir die französischen Präsidentschaftswahl im Mai 2017: Vor der entscheidenden Abstimmung berichtete die deutschsprachige Ausgabe von „Sputnik" ausführlich über das Duell zwischen der Rechtspopulistin Marine Le Pen und dem Liberalen Emmanuel Macron. In den Wochen vor der Stichwahl brachte „Sputnik" zu Le Pen Überschriften wie: „,Das Volk wird für Le Pen stimmen': Front-National-Politiker nach erster Wahlrunde", „Le Pen wird die Niederlage vorausgesagt – aber ein Pfad zum Sieg ist noch offen" und „Le Pen hat Merkels Segen satt".[126]

Zu Macron wiederum erschienen Headlines wie „Finanzexperte Wolff: Der Opportunist Macron steht für das ganz große Geld", „Linke wollen Wahlen eher boykottieren, als für Macron stimmen" und „Italienischer Politiker: Macron ist eine ‚elegante Marionette'".

Bei letzterem Beitrag, wonach ein „italienischer Politiker" Macron eine „elegante Marionette" genannt hat, ist interessant, wer hier genau zitiert wird: „Sputnik" lässt den Rechtspopulisten Matteo Salvini von der Lega Nord zu Wort kommen – dabei ist das durchaus ein Verbündeter von Marine Le Pen. Denn im Europäischen Parlament gehören die Lega Nord und der Front National derselben Fraktion an, sie sind europäische Partner. Diese Verbindung erwähnt „Sputnik" mit keinem Wort, ordnet Matteo Salvini lediglich als „Oppositionspolitiker" ein und lässt ihn Macron als „Marionette" beschimpfen.[127]

„Sputnik" bringt Kritiker Macrons, während die Rechtspopulistin Le Pen nicht so viel harte Berichterstattung in dieser Zeit erntet. Le Pen pflegt übrigens auch gut dokumentierte Beziehungen zu Russland, erst im März 2017 empfing Wladimir Putin Marine Le Pen in Moskau.

9. Russland: Vorteil durch Dissens

Wenn man regelmäßig Texte auf „RT Deutsch" oder „Sputnik" liest, fallen wiederkehrende Muster auf. Passend zur Behauptung, dass deutsche Medien einseitig oder gar manipulativ berichten würden, erscheinen auch einige unvorteilhafte Texte über die hiesige Presse. So heißt es im November 2016 auf „RT Deutsch": „Umfrage bei Jugendlichen: Praktisch null Vertrauen in die Mainstreammedien". Im Text wird eine groß angelegte Studie unter Jugendlichen so wiedergegeben: „In Deutschland gaben nur 3 Prozent der Teilnehmer an, den Medien völlig zu vertrauen. 28 Prozent vertrauen den Medien mehr oder weniger. Ganze 40 Prozent stehen den Medien skeptisch gegenüber. Und 25 Prozent schenken den Medien sogar überhaupt kein Vertrauen."[128]

Dieser Bericht ist deswegen interessant, weil „RT Deutsch" zwar korrekte Zahlen bringt – aber eine relevante Information ausklammert: Die zitierte Studie namens „Generation what?" wurde in ganz Europa durchgeführt. Tatsächlich ist es ernüchternd, wie wenig europäische Jugendliche Medien vertrauen und dass sie ihnen tendenziell skeptisch gegenüberstehen. Doch von allen untersuchten Ländern war Deutschland sogar noch eines der harmlosesten Beispiele. Zum Vergleich: In Deutschland haben 25 Prozent überhaupt kein Vertrauen in Medien – in Griechenland sind das 68 Prozent, in Italien 45 Prozent. Deutschland ist unter den Top-3-Ländern, in denen Jugendliche noch am ehesten Vertrauen zeigen (gemeinsam mit Belgien und den Niederlanden).[129]

Interessant ist auch der Titel, den „RT Deutsch" wählte. Es hieß: „Umfrage bei Jugendlichen: Praktisch null Vertrauen in die Mainstreammedien". Zum einen ist „praktisch null" dann doch etwas anderes als jene 31 Prozent, die Medien

9. Russland: Vorteil durch Dissens

„eher" oder „völlig" vertrauen. Aber bemerkenswert ist auch das Wort „Mainstreammedien" – das interpretiert „RT" einfach hinein. Dabei hat die Studie Teenager nicht gefragt, wie sie beispielsweise über „Mainstreammedien" im Vergleich zu „alternativen Medien" denken. Durchaus denkbar, dass die Jugendlichen auch „RT Deutsch" wenig vertrauen. Die Studie lässt keine Rückschlüsse über den Unterschied zwischen Mainstream- und alternativen Medien zu.

Es wäre falsch, „RT" oder „Sputnik" als Produzenten von Fake News zu bezeichnen: Diese Onlinemedien agieren wesentlich geschickter – sie berichten in erster Linie, was gut ins russische Weltbild passt. Ihre Berichterstattung wirft die Frage auf, ob heimische Medienkonsumenten fair und ausgewogen informiert werden. Es geht gar nicht so sehr darum, den eigenen Lesern eine spezielle Ideologie einzuimpfen, sondern generell den Zweifel zu nähren. Dazu passend lautet das Motto der englischen Ausgabe von „RT": „Question more" – „Hinterfrage mehr".

Laut dem ukrainischen Politologen und Russlandexperten Anton Shekhovtsov, der aktuell am Institut für die Wissenschaft vom Menschen in Wien forscht, sollen diese Seiten die Bevölkerung in Europa und den USA vor allem eines: verunsichern. Er schreibt in einem Aufsatz: „Vom russischen Staat gesponserte Medien zielen derzeit nicht so sehr darauf ab, das innenpolitische und außenpolitische Vorgehen des Kreml rechtzufertigen, sondern eher das Vertrauen des internationalen Publikums in die Rechtmäßigkeit ihrer eigenen Regierungen zu untergraben – sowie, etwas breiter gefasst, den liberalen demokratischen Konsens."[130] Auch dass Rechtspopulisten so prominent in Medien wie „RT" und „Sputnik" vorkommen, lässt sich damit erklären: Zum

9. Russland: Vorteil durch Dissens

einen existieren deutliche Beziehungen vieler rechtspopulistischer Parteien zum Kreml, ebenfalls scheint einigen europäischen Rechten der „starke Mann" Putin zu imponieren. Zum anderen äußern Rechtspopulisten häufig Zweifel an der Berichterstattung etablierter Medien oder kritisieren die europäische Politik, insofern passen sie gut in die russische Erzählung. Auch linke Akteure, die Kritik an Europa äußern oder die Außenpolitik der USA ablehnen, werden auf „Sputnik" oder „RT" zitiert – sie passen ebenfalls in dieses Bild.

Wie sehr der russische Blick auf die Welt die Berichterstattung von Seiten wie „RT Deutsch" prägt, wird gerade in globalen Krisen sichtbar – das zeigt zum Beispiel der Bürgerkrieg in Syrien. Am 4. April 2017 meldeten Bewohner der Provinz Idlib, dass in der Stadt Chan Schaichun ganze Familien tot in ihrem Bett aufgefunden wurden.[131] Die Leichen der Dutzenden Toten zeigten körperliche Spuren, wie sie Experten von Giftgasanschlägen kennen. Die Berichte von Augenzeugen und gesammeltes Videomaterial warfen den schweren Verdacht auf, Präsident Baschar al-Assad könnte das Giftgas Sarin gegen seine eigene Bevölkerung eingesetzt haben. Chan Schaichun ist ein Stützpunkt von Rebellen, die im syrischen Bürgerkrieg gegen Assad kämpfen. Syrien und der russische Staat, der mit Assad kooperiert, stritten einen solchen syrischen Einsatz von Giftgas ab. Entsprechend zur russischen außenpolitischen Linie berichtete „RT Deutsch" prompt, dass es auch andere Gründe für den Giftgasanschlag gegeben haben könnte. Das Medium brachte verschiedene Theorien ein. Etwa: Die Aufständischen hätten selbst das Giftgas in ihrer Stadt verteilt, um Präsident Assad in ein schlechtes Licht zu rücken. Dazu trug ein Artikel

9. Russland: Vorteil durch Dissens

von „RT Deutsch" am 5. April 2017 die Überschrift: „RT-Exklusiv: ‚Chemieangriff eine False-Flag-Operation von Rebellen'".[132] Eine andere Theorie: Die syrische Luftwaffe habe ein Waffenlager von Dschihadisten zerbombt – die freigesetzten toxischen Materialien hätten auch Bürger in der Stadt Chan Schaichun umgebracht. Das war die Erklärung des russischen Verteidigungsministeriums, die „RT" ebenfalls am 5. April brachte.[133] Dabei wurden solche Erklärungen beispielsweise von britischen Experten angezweifelt, wie der „Guardian" berichtete. Bei einer Bombardierung eines Waffenlagers würden normalerweise nicht große Mengen des Giftgases frei – das Giftgas Sarin wird in zwei unterschiedlichen Komponenten gelagert und erst vor dem Einsatz zusammengemischt. Das heißt, ein Beschuss eines Waffenlagers würde in der Regel nicht Sarin freisetzen.[134]

Warum verbreitete „RT Deutsch" so viele unterschiedliche Theorien – ging es hier darum, Verwirrung zu stiften? Ich konnte den Chefredakteur von „RT Deutsch", Ivan Rodionov, interviewen: „Nein, unser Anliegen ist nicht, Verwirrung zu stiften, sondern ein umfassendes Bild zu liefern. Wenn wir gemeingängige Deutungen hinterfragen, dann berufen wir uns hier immer auf eine reale Quelle. Wir erfinden so etwas ja nicht, sondern wir zitieren Quellen – warum sollten wir die nicht zitieren dürfen? Unsere Redaktion hat eine Expertise, um die Glaubwürdigkeit der Quellen zu überprüfen. Und wenn uns die Quelle glaubwürdig und die Darstellung plausibel erscheint, berichten wir das." Rodionov hat damit recht: Sein Medium erfindet solche Behauptungen nicht, sondern es zitiert Quellen – in diesem Fall etwa den „Syrien-Experten" Enrico Ivanov. Wer genau Enrico Ivanov ist, bleibt offen: Klassische Medien scheinen den „Experten" nicht zu zitieren, eine Universität oder Einrichtung, für die Ivanov arbeitet, ist im Text nicht genannt. Kein Einzelfall: „RT" und „Sputnik" wird mitunter vorgeworfen, dass sie zweifelhafte Experten zitieren.

Laut Rodionov hat „RT Deutsch" 37 Mitarbeiter – warum leistet sich der russische Staat so ein Onlinemedium? „Ich bin kein Vertreter des russischen Staates. Wenn überhaupt, kann ich mich als Vertreter des russischen Volks bezeichnen", sagt Chefredakteur Rodionov, „aber bei anderen Staaten fragt niemand: Warum leistet sich Deutschland die Deutsche Welle oder Großbritannien den Sender BBC World? Natürlich tun das diese Staaten, um die eigene Weltsicht zu präsentieren. Im Falle von Russland ist die Überlegung wohl jene: Die russische Perspektive auf das Weltgeschehen soll aus erster Hand berichtet werden, also von einem russischen Medium – und nicht ausschließlich aus zweiter Hand von anderen Medien."

Doch woher weiß der Chefredakteur, was diese russische Perspektive ist? Dazu sagt Rodionov: „Als Russe und jemand, der im Land sozialisiert wurde, kann ich mir schon anmaßen, die Meinung der Mehrheit der Bevölkerung richtig einschätzen zu können. Auch zeigen Umfragen eine große Unterstützung für die Außenpolitik der jetzigen Regierung. Die Unterstützung liegt zeitweise bei 85 Prozent. Das ist für mich mindestens ein Hinweis, dass die Mehrheit der Russen die Lage in der Welt so sieht wie ihre Regierung. Aber es geht hier nicht nur darum, dass ‚RT' die russische Perspektive verständlich macht: Die Ansicht, dass eine unipolare Welt schlecht ist, wird womöglich von einem großen Teil der Weltbevölkerung in Asien, Lateinamerika, Afrika, Indien und anderen Teilen dieser Welt geteilt. Die Welt darf nicht

9 Russland: Vorteil durch Dissens

unipolar sein, sie darf nicht aus einem einzelnen Machtzentrum regiert werden."

Worauf Rodionov anspielt, sind die USA. Der Onlinekanal stellt sich als Gegengewicht zu den Vereinigten Staaten – und den angeblich zu amerika-affinen Medien – dar. Auch deswegen finden manche Berichte von „Sputnik" oder „RT" Gehör, da sie gut zur Skepsis vieler Europäer gegenüber der amerikanischen Außenpolitik passen: Tatsächlich hat die US-Regierung schon in wichtigen Momenten Fehlinformation vertrieben. Die Invasion des Irak wurde vom damaligen Präsidenten George W. Bush damit gerechtfertigt, dass es „keinen Zweifel" mehr an der Existenz von Massenvernichtungswaffen im Irak gäbe – was nicht stimmte.[135] Russische Medien betonen solche Vorfälle immer wieder, um Zweifel an offiziellen Statements zu wecken. Auch die Glaubwürdigkeit anderer Staaten wird von dem Medium infrage gestellt. Nach dem Giftgasanschlag in Syrien führte Frankreich eine Untersuchung von Proben aus der Stadt Chan Scheichun durch – und kam zum Schluss, dass die tödliche Substanz Sarin eingesetzt worden war und der Angriff „die Handschrift des Regimes" trage. Frankreichs Außenminister Jean-Marc Ayrault sagte: „Wir wissen aus sicherer Quelle, dass das Herstellungsverfahren des Sarins [...] typisch für die Methode ist, die in den syrischen Labors entwickelt wurde."[136] Auch von diesem Bericht des Staates Frankreich gab sich „RT Deutsch" nicht beeindruckt, sondern nennt das „lückenhafte Anschuldigungen" der „Kriegspartei Frankreich".[137]

Faktenchecker der EU nannten die russische Berichterstattung damals eine „Desinformationsstrategie", hierbei würden „verschiedene, oft widersprüchliche Versionen des Vorfalls verbreitet, um Verwirrung und Misstrauen zu

9. Russland: Vorteil durch Dissens

säen."[138] Weil einige europäische Politiker sehr besorgt sind, dass diese Strategie wirken könnte, hat die EU mittlerweile eine Task-Force zur Aufklärung gegründet. Sie verfasst jede Woche einen Newsletter, um interessierten Bürgern einen Überblick zu bieten, welche Falschmeldungen oder tendenziöse Berichte russische Medien aktuell verbreiten. Ihre Erkenntnisse finden sich auf der Webseite euvsdisinfo.eu.

Hierzu eine Anekdote, wie spekulativ die Berichterstattung der russischen Kanäle teilweise ist: Im September 2016 meldete die englische Version von „Sputnik": „Die USA könnten heimlich den Neustart des ukrainischen Kampfdelfin-Programms finanzieren." Das hauptsächliche Indiz, auf das sich der Bericht letztlich stützte, waren Fotos von Kur machenden Soldaten, die im Rahmen einer Therapie Delfine streichelten.[139]

Sind „RT" oder „Sputnik" weltweit wichtig? Im Januar 2017 verfassten die amerikanischen Geheimdienste einen Bericht über die russischen Aktivitäten im Vorfeld der Wahl. Sie notierten darin, dass „RT", das auch Fernsehprogramme auf Englisch, Spanisch und Arabisch produziert, im Jahr 190 Millionen Dollar erhalten würde – umgerechnet 175 Millionen Euro. Ob die TV-Kanäle wirklich so erfolgreich sind, wie das Unternehmen gerne behauptet, ist durchaus umstritten.[140] Doch gerade in einigen europäischen Ländern scheinen russische Narrative einen Einfluss auf die Debatte zu haben: Speziell in Osteuropa und im Baltikum, wo es eine große russische Minderheit gibt, spielen russische und russland-affine alternative Medien mittlerweile eine bedeutende Rolle: Im Juni 2016 befragte das Marktforschungsunternehmen STEM mehr als 1.000 Tschechen über Politik und Medien. Rund jeder vierte Befragte gab an, dass er „alternativen" Medien

9. Russland: Vorteil durch Dissens

mehr als traditionellen Medien glaube (24 Prozent). Gleich viele gaben an, dass sie die Mitgliedschaft in der EU schlecht finden.[141]

Jakub Janda vom Think Tank „European Values", der an dieser Studie mitarbeitete, sagte zu mir in einem Interview: „Natürlich sollten europäische Staaten die russische Desinformation ernst nehmen. Wir können derzeit auch sehen, dass sich ein großer Teil der negativen Berichterstattung gegen Angela Merkel richtet. Warum? Weil sie jene Politikerin innerhalb der EU ist, die Russland noch am ehesten die Stirn bietet."

Aus Sicht der Europäischen Union ist es insgesamt höchst problematisch, wie Russland mit seinen Medien versucht, eigene Narrative in der europäischen Bevölkerung zu verbreiten. In der Sprache von Militärstrategen und Diplomaten wird es auch als „Hybrid Warfare", als hybride Kriegsführung, bezeichnet, bei der mit Gegeninformation die Bevölkerung eines anderen Staates verunsichert und Vertrauen in die staatlichen Institutionen untergraben wird. Die Politik hadert damit, wie sie auf diese „Informationsoffensive" des russischen Staates reagieren soll. Ein paar Reaktionen gibt es zumindest: Inzwischen wurde beispielsweise die erwähnte EU-Task-Force gestartet namens East StratCom, die unter anderem einen wöchentlichen Newsletter herausbringt. Man setzt also auf Aufklärung.

Russische Online-Medien sind längst nicht die einzige Methode, wie kreml-nahe Akteure Stimmung im Netz machen: Schon seit Jahren ist bekannt, dass in St. Petersburg die sogenannte Internet Research Agency sitzt. Der Name klingt im ersten Moment seriös, aber wie die „New York

Times" 2015 aufzeigte, wird von diesem Unternehmen auf unehrliche Weise Meinungsmache betrieben: Die Mitarbeiter dieser Agentur posten dort Beiträge im Sinne Russlands. Sie legen sich gefälschte Profile zu, die auf den ersten Blick unverdächtig wirken sollen, und verbreiten sowohl unterhaltsame unpolitische als auch politische Beiträge, die gut zur Sichtweise der russischen Regierung passen.[142] Sowohl innerhalb als auch außerhalb des Landes soll so die öffentliche Debatte beeinflusst werden. Ein Teil des Personals ist anscheinend gezielt für das Ausland abgestellt. Im Oktober 2017 führte der kreml-kritische russische Sender „Doschd" ein Interview mit einem anonymen Informanten, der angab, ein früherer Angestellter der Internet Research Agency zu sein. Der Mann erzählte, dass er von 2014 bis 2015 im internationalen Einsatzbereich gearbeitet habe, gemeinsam mit 200 anderen Angestellten. Die Mitarbeiter seien zu den wichtigsten gesellschaftlichen Themen in den USA geschult worden, von der Rolle der Lesben- und Schwulenrechte dort bis hin zu den Waffengesetzen. Er sagte zum Sender: „Unser Ziel war nicht, Amerikaner in Richtung Russland zu treiben. Unser Ziel war, Amerikaner gegen ihre eigene Regierung aufzubringen: Unruhe und Unzufriedenheit zu säen."[143]

Solche anonymen Schilderungen passen zu aktuellen Zahlen, die mittlerweile dem amerikanischen Kongress vorgelegt wurden: Seit der Wahl im Jahr 2016 untersucht die US-Politik, inwieweit Russland die Abstimmung beeinflusst haben könnte. Internetkonzerne wie Facebook und Google mussten ebenfalls erklären, welche russischen Aktivitäten sie feststellen konnten. Hier wurden nun die Aktivitäten von Akteuren wie der Internet Research Agency sichtbar: 126 Millionen Amerikaner haben die Beiträge russischer Meinungsmacher auf

9. Russland: Vorteil durch Dissens

Facebook eingeblendet bekommen. Das räumten Facebooks Anwälte im Oktober 2017 vor dem US-Kongress ein. Auch sollen russische Akteure etwa 100.000 Dollar in Facebook-Werbung bezahlt haben, um Amerikaner gezielt ansprechen zu können. Und das Unternehmen war nicht allein: Auch auf YouTube, das zu Google gehört, und auf Twitter gab es anscheinend eine organisierte Meinungsmache russischer Akteure (mehr dazu in Kapitel 14).[144]

Der Kongress legte auch einige Inserate offen, die auf Facebook geschaltet worden waren: Man erkennt, wie gezielt die Dissonanz in der Bevölkerung geschürt worden war – unter dem Deckmantel der Anonymität hatte das russische Unternehmen Fanpages betrieben, die wie Initiativen von progressiven oder konservativen Amerikanern aussehen sollten. Gezielt bekamen sowohl rechte als auch linke amerikanische Nutzer Postings zu wütendmachenden Themen serviert. Eine gefälschte Facebook-Seite gab sich zum Beispiel als Teil der „Black Lives Matter"-Bewegung aus und kritisierte die Polizeigewalt in den USA – ein Thema, das eher linksliberale Bürger anspricht. Eine andere (insgeheim russische) Seite wiederum nannte sich „Being Patriotic" und organisierte einen Protest gegen Hillary Clinton. Hier wurde also die Wut bei den rechten Nutzern geschürt.[145]

Was russische Akteure hier betreiben, ist nichts anderes als moderne Propaganda: Auf unterschiedlichen Ebenen wird die Uneinigkeit in anderen Gesellschaften befeuert. Je mehr Europa oder die Vereinigten Staaten untereinander zerstritten sind, desto weniger wird man zum Beispiel außenpolitisch geschlossen auftreten. Das heißt nicht, dass hinter jedem wütenden Posting im Internet ein russischer Meinungs-Scharfschütze steckt – diese Erklärung wäre zu

9. Russland: Vorteil durch Dissens

simpel. Aber wir müssen davon ausgehen, dass Russland ein Faktor im Internet geworden ist und dass russische Akteure mit ihrer aktiven Informationspolitik den Konsens in einzelnen Debatten ein Stück weit erschweren.

– 10 –

WIE FALSCHMELDUNGEN DAS DENKEN PRÄGEN

Welche Wirkung haben Falschmeldungen? Ich möchte erneut an die Bayerin erinnern, sie hatte der falschen Behauptung geglaubt, dass Merkel 12 Millionen Einwanderer ins Land holen wolle. Doch auch die Korrektur dieser irreführenden Meldung änderte für die Frau nicht viel. Sie argumentierte: „Auch wenn es jetzt momentan nicht gestimmt hat, ist es doch eine Meldung, die passieren kann – wenn nicht heute oder morgen, dann vielleicht in einem halben Jahr."

Falschmeldungen sind aus zwei Gründen hartnäckig: Erstens erfahren viele Menschen nie, dass sie auf eine irreführende Aussage hereingefallen sind. Zweitens sehen eher jene Bürger eine Falschmeldung, deren Weltbild und Medienkonsum genau zu dieser Falschmeldung passt. Diese Internetnutzer sehen mitunter viele ähnliche Gerüchte, die in dieselbe Richtung deuten. Gerade die Wiederholung dieser Behauptungen macht sie so mächtig.

Zum Beispiel kursiert im Netz immer wieder die Unterstellung, Merkel könnte geisteskrank sein oder zumindest irgendeine Form von psychischer Störung haben. Beim ersten Lesen mag sich diese Aussage für viele Bürger – selbst wenn sie Merkel kritisch sehen – überzogen anhören, zu krass, um es ernst zu nehmen. Doch je öfter solche falschen Behauptungen im eigenen Umfeld zirkulieren, desto vertrauter scheint einem diese Aussage – und Menschen geben Aussagen, die sie öfters hören, mehr Gewicht.

Dazu gibt es eine beeindruckende Studie aus dem Jahr 1977: Wissenschaftler spielten über den Lauf mehrerer

10. Wie Falschmeldungen das Denken prägen

Wochen Studienteilnehmern sowohl wahre als auch falsche Behauptungen vor. Bei jedem dieser Termine mussten die Probanden die gehörte Information bewerten, ob sie die einzelnen Aussagen glaubwürdig oder unglaubwürdig fanden. Man konnte auch angeben, dass man sich unsicher war. Eine auf Kassette vorgespielte Behauptung lautete etwa: „Das größte Museum der Welt ist der Louvre in Paris" (falsch). Eine andere: „Wenn in Malaysien ein Mann wegen Trunkenheit zur Haftstrafe verurteilt wird, dann muss seine Frau auch ins Gefängnis gehen" (richtig).[146] Die Ergebnisse waren beeindruckend: Wenn Studienteilnehmer eine Aussage öfter hörten, selbst wenn diese falsch war, hielten sie sie eher für wahr. Die Studienautoren Lynn Hasher, David Goldstein und Thomas Toppino notierten damals: „Das vorliegende Experiment scheint die Idee empirisch zu bekräftigen: ‚Wenn Menschen etwas nur oft genug hören, dann glauben sie es.'"[147]

Psychologen nennen dies den „Illusory truth effect" – im Deutschen „Wahrheitseffekt". Es ist mit ein Erklärungsansatz, wieso Menschen auch absurde Ideen für wahr halten können. Wenn jemand häufig mit ähnlich gearteten Falschmeldungen in Kontakt kommt, wirken diese Behauptungen für die Person womöglich vertraut, vielleicht sogar plausibel. Dass Menschen die groteskesten Thesen glauben können, zeigt die sogenannte Pizzagate-Verschwörungstheorie. Wir sehen hier auch, welch extreme Auswirkungen Falschmeldungen haben können.

Am 4. Dezember 2016 betrat der 28-jährige Amerikaner Edgar Maddison Welch mit einem Sturmgewehr eine Pizzeria in Washington – und feuerte Schüsse ab. Er hatte im Internet gelesen, dass das Wahlkampf-Team von Hillary Clinton im Keller dieses Lokals einen Kinderpornoring betreiben und

10. Wie Falschmeldungen das Denken prägen

minderjährige Mädchen dort gegen ihren Willen festhalten würde. Als er die Pizzeria betrat und Schüsse abfeuerte, wollte er die Sache aufklären. Doch er musste feststellen: Es gibt keinen Kinderpornoring, das Lokal hat nicht einmal einen Keller. Zum Glück wurde niemand verletzt – in der „New York Times" erklärte der Mann nach seiner Verhaftung: „Ich wollte etwas Gutes tun und es ging daneben." Wirklich bemerkenswert an dem Gespräch mit den Reportern ist allerdings, wie dieser Mann überhaupt den Eindruck gewann, ein solches Verbrechen fände im Keller eines Pizzalokals statt: Unseriöse rechte Seiten und Diskussionsgruppen hatten diese Fehlinformation über Wochen hinweg immer und immer wieder ins Web gebracht. Auch Alex Jones, der Betreiber des unseriösen Kanals infowars.com, hatte diese These weiterverbreitet. Nachdem der Amerikaner Edgar Maddison Welch im Pizzalokal Schüsse abgefeuert hatte und verhaftet worden war, erklärte er der „New York Times", dass er zuerst von Bekannten diese Behauptung gehört hatte. Und als er dann zuhause Internetanschluss bekam, sei er „wirklich in der Lage gewesen, dem nachzugehen". Ein Artikel zu dem Thema verlinkte zum nächsten. Und am Ende hatte Welch „den Eindruck, dass wirklich etwas Verächtliches passiert".[148]

Mittlerweile wurde Welch zu vier Jahren Haft verurteilt – der zuständige Richter merkte an, dass es „reines Glück" gewesen sei, dass Welch niemanden mit seinen Schüssen verletzt hatte.[149] Warum ist dies so, dass eine These glaubwürdiger wirkt, wenn man sie öfters zu Augen kommt? Eine Antwort darauf kann die Linguistin Elisabeth Wehling von der Universität Berkeley geben. Sie beschäftigt sich vor allem mit der Frage, wie menschliches Denken funktioniert und wie unsere Denkmuster auch politische Debatten

10. Wie Falschmeldungen das Denken prägen

beeinflussen. „Falschmeldungen wirken aufgrund des sogenannten Hebbian Learning", sagt sie. Um „Hebbian Learning" zu erklären, müssen wir zuerst ein paar Schritte zurücktreten und uns mit dem menschlichen Gehirn beschäftigen.

Das Gehirn eines Neugeborenen beinhaltet bereits das Potenzial für komplexe Denkvorgänge. Fast alle Neuronen, die ein Mensch haben wird, sind vorhanden – aber sie sind noch nicht entwickelt, noch nicht passend verdrahtet.[150] Gerade die ersten Jahre eines Kindes sind ungeheuer wichtig für unsere Denkstruktur. Dass man mit Babys spielt, Körperkontakt hat, mit ihnen redet, ihnen Bilder zeigt, fördert die synaptischen Strukturen. Der Prozess des frühkindlichen Lernens prägt maßgeblich, wie wir später die Welt verstehen – sogar sprachliche Konzepte lassen sich mit dieser frühkindlichen Erfahrung erklären.

Ein Beispiel: In vielen Sprachen wird Zuneigung mit Wärme umschrieben. Wir sprechen von einer warmherzigen Frau, von einem eiskalten Blick, oder dass Menschen miteinander nicht warm werden, wenn sie sich nicht mögen. Warum nutzen wir Wärme-Metaphern als Zeichen von Zuneigung? Eine Erklärung ist, dass wir diese Verbindung schon als Säuglinge herstellen. „Jedes Mal, wenn uns unsere Eltern in den Arm nehmen, erfahren wir zugleich körperliche Wärme als auch Zuneigung. In unserem Hirn wird dabei zeitgleich immer wieder sowohl die Region aktiv, die die Temperatur ermittelt, als auch die Region für Emotion", sagt Wehling.

Diese Beobachtung passt zur These des Hebb'schen Lernens: Der Psychologe Donald Hebb registrierte schon in den 1940er-Jahren, dass es zu synaptischen Verbindungen in unserem Gehirn kommt, wenn unterschiedliche Neuronen

10. Wie Falschmeldungen das Denken prägen

gleichzeitig aktiv werden. Im Englischen gibt es dazu auch den Merksatz: „Neurons that fire together wire together." Neuronen, die gemeinsam losfeuern, stellen eine Verbindung her. Das ist ein unbewusster Vorgang – aber so lernt unser Gehirn, Dinge in einen Zusammenhang zu bringen. Und je öfter Neuronen gemeinsam aktiv werden, desto stärker ist diese synaptische Verbindung.

Dies kann laut Wehling auch sprachliche Strukturen erklären: Wenn Babys im Arm gehalten werden, registriert ihr Körper sowohl angenehme Emotionen als auch Wärme – und es kommt zu einer synaptischen Verbindung zwischen den zuständigen Regionen. Solche Verbindungen passieren auch, wenn wir Zeitungsartikel oder andere Information lesen. Nimmt unser Hirn mehrere Eindrücke gleichzeitig wahr, stehen beispielsweise mehrere Wörter in einem Satz, entstehen zwischen diesen Neuronen synaptische Verbindungen. Und je öfter wir eine falsche Behauptung lesen, desto stärker werden die dazu passenden Synapsen, erklärt die Linguistin: „Es ist vollkommen egal, ob eine Information falsch ist oder stimmt, das sogenannte Hebbian Learning findet in beiden Fällen statt. Unser Kopf nimmt diese Verbindung in sein Denkschema auf, kann damit auch etwas Falsches lernen." Wehling hat diesen Prozess auch in ihrem Bestseller „Politisches Framing" beschrieben.

Diese These bietet eine Erklärung, warum selbst absurde Behauptungen einsickern, wenn sie nur oft genug wiederholt werden. Und gerade hyper-parteiische Seiten bringen oft ähnliche Behauptungen – mantra-artig werden Schreckensszenarien aufgebaut. Das beste Beispiel ist die Desinformation über Schweden: Seit Jahren wird in einschlägig rechten Medien behauptet, das Land sei am Scheitern. Die

10. Wie Falschmeldungen das Denken prägen

Seite „unzensuriert" bringt Headlines wie: „Migrantengewalt: Schwedische Behörden raten Gemeinden zu Vorbereitung für (Bürger-)Kriegszustände."[151] Im Kopp Verlag war zu lesen: „Kein Platz, kein Geld mehr: Schweden steht vor dem Kollaps."

Wiederholt nähren rechte Autoren und Medien den Mythos, dass der demokratische Staat Schweden kurz vor dem Untergang stünde. Und so wunderte es mich nicht einmal, als Donald Trump bei einer Veranstaltung im Februar 2017 erklärte: „Look at what's happening last night in Sweden."[152] Nur war die Nacht zuvor nichts Besonderes in Schweden passiert – die Aussage Trumps verblüffte die schwedische Öffentlichkeit.

Das Interessante ist, dass Trumps Zitat in rechten Kreisen nach wie vor beliebt ist: Wenige Tage nach der Aussage brachen Krawalle in einem Stockholmer Migrantenviertel aus – auf Polizisten wurden Steine geworfen und zehn Autos wurden in Brand gesetzt.[153] Prompt fühlten sich dadurch Trump-Fans bestätigt.

Tatsächlich finden in schwedischen Städten wie Stockholm und Malmö ab und zu Ausschreitungen statt, was auch in etablierten Medien berichtet wird. Es gibt reale Probleme bei der Integration. Nur ist es überzogen, daraus abzuleiten, dass „Schweden vor dem Kollaps" stünde oder „Kriegszustände" herrschen würden. Schweden ist im europäischen Vergleich ein äußerst sicheres, stabiles und wohlhabendes Land, aber weil die Desinformation so extrem geworden ist, hat sogar die schwedische Regierung mittlerweile einen Faktencheck veröffentlicht – der auf nationale und internationale Statistiken verweist. Fakt ist: Schweden ist eines der hochentwickeltsten Länder der Welt.[154]

10. Wie Falschmeldungen das Denken prägen

Auf Twitter behaupten einschlägige rechte Accounts weiterhin, dass Trump recht hat: Sie schreiben teils sogar, es gäbe ein „islamisches Kalifat" dort, und sogar ein Genozid an den Nicht-Muslimen würde stattfinden. Dass Trump mit seiner Aussage bei solchen Nutzern Jubel erntet, ist nicht verwunderlich: Im Sinne des „Illusory Truth Effects" erscheint ihnen die Behauptung ganz normal, dass Schweden ein gescheiterter Staat sei. Die meisten von ihnen waren zwar höchstwahrscheinlich noch nie in Schweden, sie kennen aber die Horrorstorys von einschlägigen Seiten und glauben ihnen. Auch unter deutschsprachigen Nutzern findet man allen Ernstes die These, dass in Schweden in Wirklichkeit schon Bürgerkrieg herrsche. Die Fehlinformation wirkt aufgrund der hartnäckigen Wiederholung.

Wie kann man darauf reagieren? Die Wiederholung ist mächtig, aber sie kann dementsprechend auch ein Gegenmittel sein: Nicht nur falsche Behauptungen wirken umso plausibler, je öfter sie wiederholt werden, derselbe Effekt tritt bei richtigen Aussagen ein. „Wir können nicht verhindern, dass Falschmeldungen durch Wiederholung wirken – so funktioniert unser Gehirn. Sehr wohl kann man Hebbian Learning zur Aufklärung nutzen und bewusst die Fälschung zum Thema machen. Wenn man hart und angriffig wiederholt, dass solche Geschichten falsch und problematisch sind, dann bleibt auch diese Information eher hängen", sagt Wehling. In der Linguistik spricht man hier übrigens von konkurrierenden „Frames" – es geht darum, einen neuen Deutungsrahmen zu liefern, mit denen Bürgerinnen und Bürger eine Information dann anders abspeichern. Ein Beispiel – seit Jahren beschäftige ich mich mit üblen Gerüchten im Netz und als ich das Trump-Zitat über „last

10. Wie Falschmeldungen das Denken prägen

night in Sweden" im Februar 2017 hörte, war meine erste Assoziation: „Das klingt ganz nach den Falschmeldungen, die ich dauernd im Netz lese." In meinem Hirn war bereits ein Frame vorhanden, der mich erinnerte: Achtung, gerade bei alarmistischen Behauptungen über Schweden sollte man ganz genau hinschauen, ob die Aussage wirklich stimmt – oder erneut eine überzogene Zuspitzung ist.

Die Frage ist nun, wie man diese wissenschaftlichen Theorien in der Praxis anwenden kann: Zum Beispiel stellt sich für Faktenchecker die Frage, ob sie die falsche Behauptung gar nicht erwähnen sollen, um diesen Unsinn bloß nicht durch gedankliche Wiederholung zu stärken. Eine Zeit lang empfahlen Wissenschaftler, bei einer Korrektur die falsche Information nicht anzusprechen. Interessanterweise legen neue Forschungsergebnisse den Schluss nahe, dass es durchaus sinnvoll ist, die ursprünglich falsche Information in der Richtungstellung noch einmal anzusprechen und zu widerlegen: Der Psychologe Ullrich Ecker zeigte dies gemeinsam mit Kollegen auf, sie notieren: „Basierend auf den aktuellen Ergebnissen scheint es nützlich sein zu können, die zu korrigierende Fehlinformation einmal zu wiederholen [...], um die Salienz [die Zugänglichkeit fürs Bewusstsein, Anm. I.B.] der Korrektur zu erhöhen."[155] Einfach gesagt: Das Gehirn soll gemeinsam mit der falschen Behauptung abspeichern, dass diese Unsinn ist. So kann anscheinend die Erinnerung daran gestärkt werden, dass etwas eine Falschmeldung war.

Der aktuelle Forschungsstand verdeutlicht: Wiederholungen sind mächtig – weil sie unserem Gehirn etwas vertrauter machen. Umso wichtiger, dass wir nicht müde werden, stets aufs Neue richtige Behauptungen zu wiederholen und Unsinn als solchen auch klar zu kennzeichnen, damit

10. Wie Falschmeldungen das Denken prägen

auch diese Information sich verfestigen kann. Das empfiehlt übrigens auch Elisabeth Wehling. Sie sagt: „Es ist zum Beispiel sinnvoll, wenn Journalisten immer wieder darauf hinweisen, dass Donald Trump schon sehr oft nachweisbar gelogen oder Falschmeldungen verbreitet hat. Damit ist diese Information deutlich präsenter, für das Gehirn leichter abrufbar und wenn Trump etwas Abstruses sagt, erinnern sich Menschen daran, dass sie nicht alles glauben können, was der amerikanische Präsident behauptet."

– 11 –

DIE GEFÄHRDETE WAHL

Im Jahr 1997 schrieb die renommierte „Economist"-Journalistin Frances Cairncross ein Buch namens „The Death of Distance: How the Communications Revolution is Changing Our Lives". Sie stellte darin Thesen auf, wie die Digitalisierung unsere Welt verändern würde – ein eloquent verfasstes, lesenswertes Werk. Vor allem aber ist es aus heutiger Sicht interessant, weil es den Optimismus der Neunzigerjahre einfängt – geprägt von den großen Zukunftshoffnungen, die viele Beobachter des Netzes damals zeigten. Cairncross beeindruckte, dass sich durch die Digitalisierung Distanz leichter überwinden lässt. Sie ließ sich zur Vorhersage hinreißen: „Da sie frei sind, andere Sichtweisen zu erkunden über das Internet oder über tausende schließlich erhältliche Fernseh- und Radiokanäle, werden Menschen weniger für Propaganda von Politikern anfällig sein, die Konflikte schüren wollen. Verbunden über die unsichtbaren Fäden der globalen Kommunikation, findet die Menschheit womöglich jenen Frieden und Reichtum, die durch den Tod der Distanz begünstigt werden."[156]

Zwanzig Jahre später müssen wir feststellen, diese Hoffnung wurde bisher nicht erfüllt, auch von Frieden scheinen wir weiterhin weit entfernt. Die letzten Jahre waren für viele digital versierte Bürger ernüchternd: Wir erfuhren, dass Geheimdienste das Netz als riesiges Abhörinstrument benutzen und dabei unkontrolliert unsere Grundrechte verletzen. Wir können unglaublich viel Aggression und Beleidigungen online mitansehen. Und nun wird auch noch offensichtlich, dass wir ein ernsthaftes Problem gerade mit

11. Die gefährdete Wahl

Propaganda im Web haben, die darauf ausgerichtet ist, Wut und Verwirrung zu stiften – und womöglich auch Wahlen zu beeinflussen.

Undemokratische Kräfte nutzen digitale Tools, die eigentlich Verständigung und Toleranz bringen sollten, um besonders laut und aufdringlich ihre Weltsicht zu propagieren. Dies verdeutlichte die Frankreich-Wahl im Mai 2017, bei der auf drei Ebenen versucht wurde, dem liberalen Kandidaten Emmanuel Macron zu schaden: Erstens haben sich anonyme Nutzer aus anderen Ländern auf sozialen Medien als französische Wutbürger ausgegeben. Sie versuchten, online Stimmung gegen Macron zu machen und seine Konkurrentin, die Rechtspopulistin Marine Le Pen, populärer wirken zu lassen. Zweitens wurden falsche Gerüchte über den Kandidaten gesät, die diesen vor der Abstimmung diskreditieren sollten. Und drittens wurde sein Team auch noch gehackt und interne E-Mails gestohlen, die dann 48 Stunden vor der Wahl verbreitet wurden. Auch wenn Emmanuel Macron letztlich die Wahl klar gewann, sind solche Angriffe belastend: Es kostet Parteien und Wahlkampfteams viel Zeit und Ressourcen, Desinformation zu entkräften, sich vor weiteren Hacker-Angriffen zu schützen und auch juristische Schritte gegen solche Übergriffe zu setzen.

Sehen wir uns diese drei unfairen Methoden kurz etwas näher an: Erstens lernten ausländische Nutzer, online wie französische Wutbürger auf Facebook und Twitter aufzutreten. Speziell Vertreter der rechten und rechtsextremen Szene in den USA tauschten sich online dazu aus, wie sie der Rechtspopulistin Marine Le Pen im Wahlkampf helfen könnten: Ihr Ziel war, nachdem sie Trump online schon angefeuert hatten, jetzt auch in Frankreich die rechte Wende

11. Die gefährdete Wahl

herbeizuschreiben. Dafür suchten sie einschlägige Seiten im Netz auf, die anonym sind, und wo sich Antisemiten, Rassisten, Frauenhasser und Nutzer mit anderen menschenverachtenden Ansichten herumtreiben. Solche Foren heißen zum Beispiel „4Chan" oder „8Chan" und sind besonders dunkle Ecken des Internets.

Ich habe vor der Wahl selbst sehr viel in einschlägigen Foren wie „8chan" mitgelesen und war baff: Selbst wer kein einziges Wort Französisch spricht, konnte hier binnen weniger Minuten online lernen, wie ein französischer Wutbürger aufzutreten. Man betrat damals einfach das Unterforum „Politically Incorrect" dieser Seite, wo einem prompt Adolf Hitler als Hintergrundbild entgegenblickte. In den Einträgen dort lernten die Nutzer, wie rechte Franzosen online aufzutreten. Ein Tipp lautete: „Wenn du kein Twitter hast, leg dir einen Account zu." Selbst wenn sie nicht die Landessprache beherrschen, erfuhren die User in den Postings, welche französischen Artikel sie online verbreiten konnten, die ein schlechtes Licht auf Macron warfen. Sie tauschten untereinander Bilder mit Parolen aus, die Le Pens Herausforderer schaden sollten. Viele dieser Bilder waren geschmacklos bis antisemitisch: Einige Fotomontagen suggerierten, dass der Liberale Investmentbanker Macron Teil einer jüdischen Weltverschwörung sei; als vermeintlichen „Beweis" hierfür nahmen sie, dass er bei der Finanzholding Rothschild & Cie gearbeitet hatte. Andere Sujets sollten suggerieren, dass Macron Terrorismus verharmlosen würde: Anonyme Nutzer hatten zum Beispiel Macrons Kopf auf den Körper von Marie-Antoinette montiert und ihm das vermeintliche Zitat in den Mund gelegt: „Wenn sie keine Sicherheit haben, dann sollen sie sich halt an Terrorismus gewöhnen." Auch

11. Die gefährdete Wahl

wurden Fotomontagen verbreitet, in denen ein gut gelaunter Macron durch erschütternde Szenen nach Terroranschlägen marschierte.

Auch die passenden Hashtags wurden den Nutzern mitgeteilt. Hashtags sind Schlagworte, mit denen sich gleichdenkende Nutzer auf Twitter zusammenfinden und gemeinsam Stimmung machen können. Ist ein Hashtag auf Twitter gerade besonders populär, wird er auch unter den „Twitter Trends" eingeblendet. Die rechten User versuchten, negative Hashtags zu Macron besonders sichtbar zu machen, etwa #JamaisMacron (#NiemalsMacron).

Unfaire Methoden wurden nicht nur auf Twitter ergriffen: Wie das Onlinemedium „Buzzfeed" berichtete, wurden englischsprachige Nutzer in geheimen Diskussionsgruppen auch gezielt für Facebook gebrieft: „Die Administratoren des Chatrooms schulen Nutzer darin, gefälschte Facebook-Accounts anzulegen, die ‚idealerweise junge, hübsche Mädchen zeigen, Schwule, Juden, im Grunde jeden, der nicht als Unterstützer des Front-National vermutet wird'. [...] Haben Sie einmal diese gefälschten Facebook-Profile, sollen sie die Kommentarspalten von großen französischen Facebookseiten infiltrieren [...]".[157]

Zweitens wurden auch gefälschte Dokumente verbreitet: Je näher die Wahl rückte, desto aggressiver wurde die Stimmung. Gefälschte Dokumente sollten den Eindruck herstellen, Macron würde Offshore-Konten besitzen und somit die französische Steuer umgehen. Sogar Macrons Gegnerin Le Pen sprach diese Gerüchte im TV-Duell vor der Wahl an und konfrontierte ihn: „Ich hoffe, dass man nicht herausfinden wird, dass Sie ein Offshore-Konto auf den Bahamas haben."[158]

11. Die gefährdete Wahl

Die Rechtspopulistin brachte somit ein rufschädigendes Gerücht in die wichtigste TV-Sendung vor der Wahl ein – ein Gerücht, das in einem dunklen Winkel des Web lanciert worden war. Faktenchecks warnten rasch vor der Geschichte. Zum Beispiel legte eine Fotoanalyse nahe, dass diese vermeintlichen „Dokumente" mit Bildbearbeitungssoftware manipuliert worden waren – speziell jener Teil, der angeblich Emmanuel Macrons Unterschrift zeigte.[159] Macron brachte auch unverzüglich Anzeige gegen jenen anonymen Nutzer ein, der das Gerücht online verbreitet hatte.

Und drittens kam es dann auch noch zur Hacking-Attacke auf Macron, bei der E-Mails von Mitarbeitern gestohlen und ins Netz gestellt worden waren. Neben echten Dokumenten wurden hierbei auch Dokumente mitveröffentlicht, die nichts mit Macrons Kampagne zu tun hatten, aber nichtsdestotrotz ein schlechtes Licht auf den Kandidaten und sein Team werfen sollten – Ziel dieser Aktion war vermutlich, noch kurz vor der Wahl Unmut und Verwirrung zu säen.[160/161] Sofort tauchte der Verdacht auf, dass russische Hacker dahinterstecken könnten; eindeutig belegt ist das bisher nicht.[162]

Der französische Wahlkampf zeigt, dass unfaire Methoden nicht automatisch zum Wahlsieg für das gewünschte Lager führen. So schafften es die ausländischen Internetnutzer zum Beispiel nicht, wirklich an der französischen Debatte anzudocken, wie der Experte Ben Nimmo von der NGO Atlantic Council in der „New York Times" erklärt: „Es gibt einen großen Graben, den diese Gruppen erst überwinden müssen, um ihre Botschaft auszubreiten. Die Wortwahl und Bildsprache der Alt-Right-Bewegung ist ziemlich speziell. Vieles davon lässt sich nicht so einfach übersetzen."[163] Zum Glück kann man Wahlkämpfe in anderen

11. Die gefährdete Wahl

Sprachen und anderen Kulturen noch nicht so leicht hacken, wie sich das manch ein Akteur wünscht.

Doch wir müssen damit rechnen, dass bedeutende internationale Wahlen womöglich auch in Zukunft wieder von solch unkorrekten bis illegalen Aktionen überschattet werden. Und nicht nur ausländische Akteure versuchen mitunter, politische Debatten stark zu beeinflussen. Es lässt sich auch beobachten, wie ein winzig kleiner Teil von Usern versucht, die öffentliche Diskussion über einzelne Themen zu dominieren. In Deutschland machten die Wissenschaftler Simon Hegelich und Morteza Shahrezaye von der TU München eine interessante Datenauswertung zur Flüchtlingsdebatte auf Facebook: „Es konnte gezeigt werden, dass im Umfeld von AfD und PEGIDA hyperaktive Nutzer auf Facebook aktiv sind. Während der durchschnittliche Nutzer auf Facebook relativ passiv ist, d. h. wenig Kommentare schreibt und wenige Beiträge ‚liked', sind diese hyperaktiven Nutzer mehrere Stunden täglich damit beschäftigt, bestimmte Beiträge zu kommentieren und zu liken. Dadurch wird die Netzwerkstruktur auf Facebook nachweislich verzerrt: Es entsteht der Eindruck, Posts, die sich gegen Geflüchtete wenden, wären wesentlich populärer und würden häufiger kommentiert. [...]"[164]

Die erhitzte digitale Debatte spiegelt nicht unbedingt die Meinung der Durchschnittsbevölkerung wider – es ist durchaus möglich, dass eine wütende Minderheit einzelne Themen anschiebt. Ich erinnere an den Satz: Angry people click more. Wenn ein Thema online besonders stark geteilt wird, besonders viele Likes erntet, muss dies nicht bedeuten, dass alle Bürger diese Fragestellung interessant finden – es kann auch das Werk einer besonders lautstarken Minderheit sein.

11. Die gefährdete Wahl

Die von Frances Cairncross eingangs zitierte These, dass im Internet Völkerverständigung erleichtert und Propaganda erschwert würden, basiert auf der Annahme, dass alle Menschen das Netz für denselben Zweck nutzen wollen: Um von anderen zu lernen oder persönlich über den Austausch mit anderen Kulturen zu reifen. Nur sehen wir aktuell, dass nicht jeder Bürger solch einen sachlichen Austausch sucht – es gibt auch jene Akteure, die ziemlich unfaire Methoden anwenden, um stärker Gehör als andere zu finden.

– 12 –

WIE ICH FANS KAUFTE

Sie kennen das vielleicht: Wenn wir auf Amazon ein Buch kaufen oder über ein Buchungsportal ein Hotel für den nächsten Urlaub suchen, verlassen wir uns oft auf die Meinung anderer User, auf deren Bewertungen. Auch in der politischen Debatte können Onlinekommentare von – vermeintlichen – Normalbürgern als Indikator für das Meinungsklima im Land dienen – als digitaler Stammtisch. Das Problem ist nur, solche Bewertungen und Kommentare lassen sich manipulieren. Ich habe mich für dieses Buch gefragt: Wie leicht geht das, online einen falschen Eindruck zu vermitteln, zum Beispiel populärer zu wirken, als man wirklich ist? Um dies zu testen, habe ich ein Experiment gestartet und dabei selbst gefälschte Facebook-Fans gekauft.

Um nicht einen bestehenden Account oder gar meinen eigenen Auftritt auf unfaire Weise zu stärken, habe ich für diesen Versuch ein eigene Fanpage angelegt. Sie heißt „Goldfisch" und ist bewusst unspektakulär gehalten. Man sieht einen Goldfisch als Profilbild. Als einziges Posting habe ich den Wikipedia-Eintrag zu Goldfischen dort verbreitet. Warum gerade ein Fisch, fragen Sie vielleicht? Ich wollte als Thema der Seite etwas möglichst Unpolitisches nehmen, um nicht mit gekauften Fans Meinung zu machen. Goldfische als Thema waren das politisch Unbrisanteste, das mir spontan einfiel. Sie können die Seite unter facebook.com/hallogoldfisch übrigens ansehen (außer Facebook sperrt sie irgendwann).

Mein Goldfisch war also auf Facebook zum Leben erweckt worden: Doch er hatte bisher null Likes – das sollte

12. Wie ich Fans kaufte

sich rasch ändern. Wenn Sie auf Google nach Möglichkeiten suchen, gefälschte Fans zu kaufen, werden Sie in etlichen Kommentaren Links zu einschlägigen Seiten erhalten. Ich landete bald auf einer solchen Webseite, die perfekt für meinen Versuch schien. Unter dem Menüpunkt „Our Prices" wurde genau aufgelistet, wie viel Geld welche Zuwendung kostet: 1000 Facebook-Fans gibt es ab vier Dollar. 1000 Likes für ein konkretes Posting kosten sechs Dollar. Man kann so circa jedes Feedback kaufen, das man erwerben möchte: Zum Beispiel vorteilhafte Bewertungen für die eigene Facebook-Page (und negative Bewertungen für die Seiten der Konkurrenz). Auch 1000 Instagram-Follower erhalten Sie für acht Dollar, ebenso 15.000 Aufrufe eines YouTube-Videos ab 15 Dollar.

Manche dieser Seiten sind umständlich, weil sie nur sehr anonyme Zahlmethoden zulassen – etwa eine Bezahlung in Bitcoins. Das Praktische an diesem Anbieter war, dass er den weitverbreiteten Onlinedienst Paypal akzeptierte: Ein paar Klicks, und ich hatte ein Guthaben von 10 Dollar. Nun interessierte mich, ob diese Seite auch wirklich ihr Versprechen einhalten – und ich kaufte für meinen Goldfisch 2000 Fans für Facebook. Kostenpunkt acht Dollar, umgerechnet 6,4 Euro.

Plötzlich wurde mein Goldfisch beliebt: Binnen weniger Minuten hatte er 200 Fans, dann 500, dann tausend. Und rasch erreichte er 2000 Fans. Und da ich noch ein bisschen Geld übrig hatte, kaufte ich 200 Likes für das Posting zum Wikipedia-Artikel und 50 „Love"-Reactions. Am meisten beeindruckte mich, wie simpel und billig dieser Prozess war: Für zehn Dollar, rund acht Euro, kann man schon recht viel Popularität vorgaukeln.

12. Wie ich Fans kaufte

Wie funktioniert dieses System? Diese gefälschten Fans sind Bots: Roboter-Accounts, die auf den ersten Blick wie menschliche User aussehen, aber in Wirklichkeit ferngesteuert werden. In vielen Fällen wird hierbei die Identität realer Menschen gestohlen, zum Beispiel ihr Profilbild oder ihr Name entwendet, und eine Kopie angelegt. Windige Unternehmen, wie jenes, wo ich dem Goldfisch 2000 Fans kaufte, steuern tausende solcher automatisierten Accounts. Weil dieser Markt immens geworden ist, sind die Preise so niedrig. Übrigens kann man sich auch den permanenten Beifall solcher Bots einkaufen: Es kostet rund 24 Dollar, wenn man für die nächsten 10 Beiträge einer Fanpage jeweils zwischen 200 und 350 Likes kauft.

Zu Recht können Sie an meinem Experiment mehrere Aspekte kritisieren: Ethisch ist wohl am problematischsten, dass ich tatsächlich ein wenig Geld für ein zutiefst fragwürdiges Geschäftsmodell ausgab.

Inhaltlich kann man einwenden, dass gekaufte Fans große Schwächen haben: Schließlich ist so ein „Fan" nur eine billige Attrappe, die auf Knopfdruck jubelt. Zum Teil ist der Einsatz von Bots auch verräterisch: Mein Goldfisch zum Beispiel hat auffällig viele Abonnenten aus dem arabischen Raum, was ein Indiz für gekauftes Zujubeln ist. Aber wenn man bereit ist, ein paar Dollar mehr zu zahlen, erhält man Fans mit einer größeren globalen Durchmischung. Zum Beispiel lassen sich gezielt Likes von französisch scheinenden Accounts kaufen. Das System der gekauften Likes ist nicht perfekt, aber es ist gut genug, um einen verzerrten Eindruck herzustellen. Ein Unternehmen zum Beispiel, das 10.000 Fans und gute Bewertungen hat, scheint auf den ersten Blick seriös. Genau damit wirbt übrigens die Seite, wo ich Fans für den Goldfisch einkaufte. Dort heißt es: „Wahrscheinlich ist eine der wichtigsten Methoden, wie der Einkauf von Facebook-Likes Unternehmen online beim Erfolg hilft, dass Sie dies dabei unterstützt, eine glaubwürdige Online-Präsenz zu errichten. [...] Es zählt zur menschlichen Natur, dem populärsten Produkt zu folgen, und mit dem Kauf von Facebook-Followern ist es möglich, die notwendige Fanbasis anzulegen, die einem dabei hilft, dass das eigene Unternehmen wahrgenommen wird." Die Seite argumentiert also, um glaubwürdig zu wirken, muss man sich gefälschte Fans kaufen. Das ist eine ziemlich verdrehte Sichtweise: Seriös ist demnach, wer unseriös agiert.

Auch wenn ich seit Jahren gewusst hatte, dass es diesen Schwarzmarkt gibt, war es doch beeindruckend, aus erster Hand zu wissen, wie leicht der Betrug mit gefälschten Fans ist. Mein Goldfisch ist natürlich ein absurder Anwendungsfall: Wenn ein Profil lediglich gefälschte Fans besitzt, ist das wirkungslos. Ich habe zehn Dollar in einen Account investiert, den einzig und allein Bots mögen. Aber bei einem ernsthaft betriebenen Account, der zumindest teilweise menschliche Abonnenten hat, kann der Einsatz von Bots gerissen sein: Wie bereits geschildert, ist die Zahl der Likes, der Kommentare und Shares sehr wichtig für die Reichweite eines Postings. Je mehr Likes, desto mehr Menschen wird ein Posting von Facebook eingeblendet. Ein simpler Trick wäre es, einen Beitrag, der einem wichtig ist, prompt von 100 Bots liken zu lassen. Für den Algorithmus wirkt dies wohl auch als Zeichen, dass das Posting relevant ist – und infolge wird es einigen Menschen mehr eingeblendet. Solche gekauften Likes können also mehr Sichtbarkeit in der breiten Bevölkerung bringen.

12. Wie ich Fans kaufte

Auch ziemlich gehässige Aktionen sind möglich: 30 schlechte Bewertungen einer Fanpage kosten 3 Dollar. Auf billige Weise kann man also den Ruf des Konkurrenten ruinieren und für dessen Seite unvorteilhafte Bewertungen kaufen. Ein fieser Trick in Wahlkämpfen kann natürlich auch sein, dass man für die Facebook-Seite des politischen Gegners sehr viele gefälschte Likes (zum Beispiel aus dem arabischen Raum) kauft – und dann Journalisten die Information zuspielt, dass diese Seite auffällig viele unauthentische Fans hat.

Sie fragen sich vielleicht: Ist das erlaubt? Facebook verbietet solche Tricksereien natürlich in seinen Geschäftsbedingungen. Aber de facto ist es einfach und billig, sich das gewünschte Feedback online zu erwerben. Sollte ein Fanpage-Betreiber doch ein schlechtes Gewissen haben, wird er vom Verkäufer sogar beschwichtigt. Bei dem Webdienst, wo ich Likes für meinen Goldfisch kaufte, steht: „Eine der Fragen, die viele Kunden uns und sich selbst stellen, ist, ob sie schummeln, indem sie Twitter-Follower kaufen oder die Zugriffszahlen auf ihre YouTube-Videos mittels unserer Dienste erhöhen. Sie schummeln nicht, solange sie diese Dienste für einen legitimen Zweck einsetzen." Eine selbstentlarvende Passage: Wenn eine Webseite ausführlich erklären muss, dass ihre Dienste nicht unethisch sind, ist dies bereits ein Warnsignal. Solche gekauften Likes sind natürlich Betrug, weil gezielt Bürger in die Irre geführt werden. Sie sollen fälschlich glauben, zigtausende Menschen hätten ein Profil oder einen Beitrag gelikt – dabei waren das nur zigtausende ferngesteuerte Roboter.

Dass sich Popularität online vortäuschen lässt, ist natürlich in der politischen Debatte besonders relevant: Schon

12. Wie ich Fans kaufte

seit Jahren kommt immer wieder die Frage auf, ob einzelne Parteien ihre Fanzahlen künstlich aufhübschen. Und in einzelnen Wahlkämpfen treten mittlerweile Jubelaccounts auf, die einzelnen Kandidaten auffällig oft applaudieren – speziell auf Twitter ist dieses Phänomen gut erforscht. Während der US-Wahl haben Forscher des Oxford Internet Institutes und zweier weiterer Universitäten in den letzten neun Tagen vor der Wahl 19,4 Millionen Tweets analysiert.[165] Es handelte sich um Postings auf Twitter, die Hashtags wie #Election2016, #Trump2016, #hillary2016 enthielten. Konkret untersuchten die Wissenschaftler: Gibt es Nutzer, die so oft twittern, dass vermutlich Software und kein Mensch mehr dahinter steckt? Die Antwort lautet: Ja!

Wenn jemand 50-mal am Tag oder häufiger mit solchen Hashtags twitterte, dann vermuten die Forscher einen hohen Level an Automatisierung. Sie denken, dass ein Teil dieser Nutzer nicht mehr händisch Tweets eingibt, sondern mittels Software so viel Meinung verbreitet. Man nennt solche Accounts, hinter denen gar kein Mensch, sondern nur noch ein automatisiertes Skript steckt, „Social Bots" – auch Meinungsroboter genannt.

Bots sind nicht automatisch etwas Gutes oder Schlechtes. Der Einsatz von automatisierten Accounts, die einer vordefinierten Aufgabe folgen, kann harmlos bis hilfreich oder unterhaltsam sein: Zum Beispiel findet man auf Twitter einen Bot namens @wayback_exe, der alle zwei Stunden Screenshots von Webseiten aus den 1990er-Jahren verbreitet. Es ist witzig zu beobachten, wie seltsam und unstylish Homepages vor 20 Jahren ausgesehen haben. Dieser Account ist insofern auch harmlos, als er in seinem Profil transparent macht, dass er ein Bot ist.

12. Wie ich Fans kaufte

Social Bots sind hingegen eine unbehagliche Unterkategorie der Bots, die ihr Publikum gezielt in die Irre führen: Sie legen nicht offen, dass bei dem Account kein Mensch, sondern eine Maschine twittert, und sie versuchen, die politische Debatte zu beeinflussen. Einen Social Bot zu erstellen, ist nicht schwer: Wer selbst ein wenig programmieren kann, findet zum Beispiel simple Anleitungen, wie er sich seinen eigenen Roboter zusammenschrauben kann. Ein ferngesteuerter Twitter-Account kann beispielsweise so eingestellt sein, dass er alle Wortmeldungen von Politikern eines Lagers ebenfalls automatisch wiederholt oder aber Beiträge mit spezifischen Hashtags retweetet – also einzelne Schlagworte gezielt sichtbarer macht. Wenn Bots einzelne Hashtags tausendfach retweeten, werden diese auf Twitter als „Trending" dargestellt. Und so kann der Eindruck entstehen, dass ein Thema (oder Politiker) gerade total populär ist, auch wenn das eigentlich nur künstlicher Jubel ist.

Auch ist es möglich, Social Bots zum Pöbeln einzusetzen: Zum Beispiel indem diese Accounts Kandidaten des anderen Lagers permanent beschimpfen oder Falschmeldungen über diese verbreiten. Das heißt, dass sich politische Akteure gefälschte Likes kaufen konnten, war nur der Anfang. Mittlerweile finden sich Social Bots, die stark koordiniert politische Debatten beeinflussen sollen.

Im US-Wahlkampf spielten automatisierte Accounts eine große Rolle: In den letzten neun Tagen vor der Abstimmung kamen tagsüber 20 bis 25 Prozent der politischen Tweets von ihnen. Das heißt, jeder vierte bis fünfte Tweet zur US-Wahl stammte tagsüber vermutlich von einem automatisierten Profil. Die 20 stärksten automatisierten Accounts, die die Forscher fanden, verbreiteten im Schnitt 1.300 Beiträge

12. Wie ich Fans kaufte

am Tag. Es ist äußerst unrealistisch, dass ein Mensch pro Tag 1.300 Beiträge auf Twitter verfassen kann – selbst wenn er immer nur den „Retweet"-Knopf (also die „Teilen"-Funktion auf Twitter) drückt, ist das eine immens hohe Zahl. Solche Daten belegen, dass mittels Software Stimmung im Wahlkampf gemacht wird.

Für Wissenschaftler ist es gar nicht so leicht, die Wirkmacht der Social Bots zu beziffern: Sie müssen riesige Datensätze sammeln und nach verdächtigen Kommunikationsmustern hin auswerten. Eine übliche Methode ist, dass einzelne relevante Hashtags für den Wahlkampf beobachtet werden – bei der US-Wahl waren das etliche Schlagworte wie #AmericaFirst, #MAGA (kurz für „Make America Great Again"), #NeverHillary, #Trump2016, #dumptrump, #hillary2016, #ImWithHer, #NeverTrump, #Election2016 oder #iVoted. Wenn ein Account am Tag mindestens 50 Tweets mit solchen Hashtags verfasst oder weitergeleitet hat, wird er als Account mit einem „hohen Level an Automatisierung" eingestuft. Natürlich birgt eine solche Methode auch Unschärfen, wissen die zuständigen Forscher: „Realistischerweise gibt es auch einzelne Menschen, die so viel an einem Tag von sich geben. Gleichzeitig stellt sich mittlerweile die Frage, ob manche Betreiber von Social Bots ihre Software so einstellen, dass diese knapp unter 50-mal am Tag Beiträge verbreiten – und somit nicht von der Statistik erfasst werden. Das Ganze ist ein relativ neues Phänomen, und Schritt für Schritt versuchen wir, weitere Daten über solche Vorgänge zu sammeln", erzählt Kommunikationswissenschaftlerin Lisa-Maria Neudert, die Teil eines größeren Forschungsteams der Universität Oxford ist, das sich mit „Computational Propaganda" beschäftigt – auf Deutsch: Computerbasierter Propaganda.

12. Wie ich Fans kaufte

Neudert ist gebürtige Deutsche und hat auch den deutschen Wahlkampf analysiert. In Deutschland sorgte dieses Thema schon lang vor der Bundestagswahl 2017 für Furore, weil AfD-Politikerin Alice Weidel einst im „Spiegel" erklärt hatte, ihre Partei erwäge den Einsatz von Social Bots. Nach heftiger Aufregung versicherten die Rechtspopulisten, sie werden keine Meinungsroboter einsetzen.[166]

Tatsächlich scheinen solche Meinungsroboter bisher nur ein kleines Problem im deutschsprachigen Raum zu sein. Neudert und ihre Kollegin identifizierten vor der Bundestagswahl lediglich 92 Accounts, die überdurchschnittlich viel kommunizierten und insgesamt 73.000 Tweets in zehn Tagen verfassten. Sie notieren dazu: „Die deutsche Wahl im Jahr 2017 hat eines der niedrigsten Ausmaße von automatisierten Inhalten hervorgebracht, verglichen mit allen anderen Demokratien, die wir bisher untersucht haben."[167]

Woran liegt es, dass im deutschen Wahlkampf nur sehr wenige Social Bots gefunden worden waren? Neudert sieht dafür drei Gründe: „Erstens ist Twitter in Deutschland nicht sonderlich weit verbreitet, da ist wahrscheinlich auch der Anreiz geringer, Social Bots einzusetzen. Zweitens hatte dieses Thema schon sehr früh massive Aufmerksamkeit erhalten und es war klar, dass solche Methoden womöglich auffallen. Drittens war die Ausgangslage in Deutschland ganz anders als bei Abstimmungen wie dem Brexit oder der US-Wahl, wo die Polarisation auch insgesamt größer war und das eine größere Angriffsfläche für Propaganda bot – die auch ausgenutzt wurde."

Nur weil mit Social Bots leicht getrickst werden kann, heißt dies nicht, dass das in jedem Wahlkampf stark passiert: Die US-Election im Jahr 2016 war auch in dieser Hinsicht

12. Wie ich Fans kaufte

ein Extremszenario, weil auffällig viele Meinungsroboter in Erscheinung traten. Und auch hier hatten russische Akteure ihre Finger im Spiel.

Die Mitarbeiter von Twitter fanden mehr als 50.000 automatisierte Accounts, die eine Verbindung zu Russland aufweisen und Inhalte zur US-Wahl verbreiteten. Von diesen 50.000 auffälligen Profilen sollen 3.814 von der Internet Research Agency betrieben worden sein – vielleicht erinnern Sie sich: Das ist jene kreml-nahe Agentur in Sankt Petersburg, die haufenweise gefälschte Postings im Netz verbreiten lässt. Offensichtlich waren sie auch auf Twitter mit Meinungsrobotern recht aktiv.

Insgesamt haben die russischen Accounts 2,12 Millionen Tweets verfasst, was ein Prozent der Tweets zur Wahl ausmacht. In anderen Worten: Eine von hundert Wortmeldungen zur Wahl kam anscheinend von einem russischen Fake-Account.

Und es ist auch absolut klar, welchen Kandidaten diese Bots gepusht haben: Insgesamt erhielt Donald Trump 470.000 Retweets von diesen russischen Accounts. Wohingegen Hillary Clinton nur 48.000 Mal von derartigen Profilen geretweetet wurde. All dies legte Twitter offen, nachdem der US-Senat hierzu harte Fragen stellte.[168] Man sieht hier, wie sehr mit automatisierten Accounts Meinungsmache betrieben wird – und auch Wahlen geopolitisch so mit beeinflusst werden sollen.

Wie können wir uns vor solch unfairen Methoden schützen? Einerseits gibt es Tools für Aufklärung: So bietet die Universität von Indiana eine Webseite namens „Botometer" an, bei der man testen kann, wie stark ein Twitter-Account ein

12. Wie ich Fans kaufte

Nutzungsverhalten aufweist, das Social Bots ähnelt.[169] Dieses Tool liegt nicht immer richtig, aber es liefert zumindest einige interessante Daten – etwa wie oft ein Account twittert.

Vor allem aber könnten die großen Plattformen mehr gegen intransparente Bots machen: Nehmen wir an, ein Hashtag zu Donald Trump wird gerade von vielen äußert automatisiert wirkenden Profilen verbreitet und zum „Trend" auf Twitter. Dann könnte Twitter dazu einen Warnhinweis einblenden, dass dieser Hashtag von auffällig vielen Accounts benutzt wird, die womöglich Bots sind. „Oder aber Twitter blendet solche Hashtags gar nicht erst in seinen Trends ein", meint die Forscherin Neudert.

Nicht nur Twitter könnte mehr machen: Vielleicht haben Sie sich schon gefragt, wieso vor allem Social Bots auf Twitter thematisiert werden – das liegt daran, dass der Kurznachrichtendienst sehr viele Daten für Forscher zur Verfügung stellt und es dementsprechend viele Untersuchungen hierzu gibt. „Auf Facebook hingegen ist es schwieriger, automatisierte Accounts als Forscher ausfindig zu machen", sagt Lisa-Maria Neudert. Einerseits liegt dies daran, dass Facebook-Profile in der Regel als „privat" eingestellt sind, wohingegen auf Twitter die Kommunikation der meisten Nutzer öffentlich sichtbar ist. Andererseits ist Facebook auch deutlich restriktiver, welche Daten Wissenschaftler oder Journalisten auswerten können. Das ginge natürlich anders: Facebook könnte hier Forschern besseren Zugang geben und Untersuchungen zu intransparenten Bots erleichtern. Denn wie das Experiment zu meinen gekauften Likes schon nahelegt, gibt es garantiert auch ein Bot-Problem auf der bedeutendsten sozialen Plattform unserer Zeit.

– 13 –

DIE MACHT DER BILDER

Der Betrug im Netz funktioniert häufig über Bilder – zwei Formen der Trickserei sind beliebt. Einerseits werden Fotos manipuliert. Zum Beispiel zeigt ein Bild eine heruntergekommen wirkende Angela Merkel, die in abgenutzter Kleidung und mit einer Bierflasche in der Hand auf der Straße sitzt. Auf dem Foto steht ebenfalls der Satz: „Nein… das ist nicht Bahnhof Zoo! Auch nicht jemand aus Kreuzberg! Das ist Euer Staatsoberhaupt! Dieses Ding mach gerade Deutschland kaputt!" Wie die Faktenchecker von Mimikama herausfanden, wurde von Unbekannten das Gesicht von Angela Merkel auf die Aufnahme einer Bettlerin montiert und ihr dann auch noch eine Flasche Bier in die Hand retuschiert. Obwohl das Bild absurd wirkt und vergleichsweise leicht als Fälschung erkennbar wäre, trafen bei Mimikama Anfragen hierzu ein. Selbst plumpe Fälschungen beschäftigen Menschen.[170] Erinnern wir uns: Gerade im französischen Wahlkampf wurde mit Bildmontagen agiert – ein manipuliertes Dokument sollte suggerieren, Macron würde in Steueroasen Offshore-Konten betreiben. Seine Unterschrift wurde hierbei gefälscht.

Der zweite beliebte Trick ist noch simpler: Oft tun sich Fälscher gar nicht die Mühe an, ein Bild zu bearbeiten. Sie nehmen einfach eine skandalös aussehende alte Aufnahme und setzen sie in einen neuen, irreführenden Kontext. Nach der Silvesternacht von Köln zirkulierten auf sozialen Medien einige Fotos und Videos, die angeblich Übergriffe von diesem Abend zeigten, jedoch eine Täuschung sind: Zum Beispiel wurde auf Facebook ein Foto verbreitet, auf dem mehrere

13. Die Macht der Bilder

dunkelhäutige Männer auf eine blonde Person einschlagen, die sich duckt und anscheinend versucht, sich vor den Übergriffen zu schützen. Auf dem Foto wurde auch als Information eingefügt: „Silvesternacht Köln 2015/16". Doch das ist falsch: Das Bild zeigt weder Deutschland, genau genommen sieht man hier nicht einmal eine Frau. Die Aufnahme dokumentiert eine Schlägerei am Budapester Bahnhof zwischen Flüchtlingen, bei der einer der Männer lange blond gefärbte Haare trägt. Dieser Vorfall wurde von der Bildagentur Getty festgehalten – und eines dieser Bilder wurde aus dem Kontext gerissen, zeigten die Faktenchecker von Mimikama. Ein Nutzer, der diese Aufnahme online teilte, schrieb dazu: „Das Bild sagt mehr als 1000 Worte". Doch genau das ist eben falsch: Dieses Bild sagt nichts über die Silvesternacht von Köln. Das einzige, was wir von dieser Aufnahme lernen können, ist, wie leicht wir Menschen uns von beeindruckenden Bildern täuschen lassen.[171]

Wie vertrauensvoll Menschen gegenüber Bilddateien sind, lässt eine Untersuchung der Universität Stanford erahnen. Die Fachgruppe für Geschichtsunterricht hat etliche Tests mit rund 900 Schülern und Studierenden durchgeführt. Sie wurden mit unterschiedlichen Behauptungen aus dem Internet konfrontiert und mussten einschätzen, wie vertrauenswürdig ihnen die jeweilige Information erschien. Ich habe mit Joel Breakstone, Historiker und Leiter der Fachgruppe in Stanford, gesprochen. Er erzählte mir: „Es gab eine unbehagliche Konstanz: Quer durch die Bank taten sich Studierende und Schüler wirklich schwer, Sinn aus Online-Materialien zu machen. Wir waren überrascht."

Ihre Untersuchung führt auch vor, wie mit Bildern ein falscher Eindruck erzielt werden kann. Highschool-Schülern

13. Die Macht der Bilder

zeigten die Forscher das Foto von mutierten Gänseblümchen. Die Pflanzen waren verkrümmt und seltsam zusammengewachsen. Neben der Aufnahme stand auch die anonyme Info: „Fukushima Atom-Pflanzen. Dazu muss man nicht mehr sagen, so sieht das aus, wenn Pflanzen nukleare Geburtsdefekte bekommen."[172] Ein anonymer Nutzer behauptete also, die verkrümmten Blumen seien das Resultat des Atomkraftwerk-Unfalls in der japanischen Stadt Fukushima – mehr Information wurde nicht mitgeliefert.

73 Prozent der Schüler, denen dieser Beitrag gezeigt wurde, hatten eindeutige Probleme bei der Bewertung dieser Information. Ungefähr die Hälfte von ihnen sah dieses Bild als Beleg über die Zustände nahe dem Atomkraftwerk. Ein Jugendlicher schrieb zum Beispiel: „Dieser Beitrag ist ein starker Beweis, weil er zeigt, wie sehr schöne, kleine Dinge beeinträchtigt wurden [...]. Weiters weist es darauf hin, dass ein solches Desaster auch Menschen widerfahren kann." Natürlich geht diese Antwort komplett an der Fragestellung vorbei – die richtige Antwort hätte gelautet, dass ein solch anonym gepostetes Foto im Internet kein Beweis für eine Behauptung ist. Fotos können eben manipuliert oder aus dem Kontext gerissen werden.

Nun könnte man die Frage aufwerfen, ob dieses Testresultat vor allem etwas über die Schwächen des amerikanischen Bildungssystems aussagt. Nur wäre ich mit einer solchen Erklärung zurückhaltend. Denn nicht nur Teenager fielen auf das Foto hinein. Das Bild von den mutierten Gänseblümchen löste weltweit im Jahr 2015 Entsetzen aus – auch erwachsene deutsche Internetnutzer teilten die Aufnahme schockiert auf Facebook und sahen darin eine Spätfolge von Fukushima. Der Faktencheck kann dies nicht bestätigen:

13. Die Macht der Bilder

Zwar stammt das Foto tatsächlich aus einer Kleinstadt mehr als hundert Kilometer von Fukushima entfernt. Doch Biologen gaben prompt Entwarnung: Solche Verkrümmungen kommen in der Natur immer wieder vor – man nennt dies in der Botanik „Verbänderung". Und etliche Faktoren der Umgebung können solche Wucherungen erklären, von Pilzbefall über Bakterien bis Strahlung. Ein Warnsignal wäre erst, würden rund um das Atomkraftwerk gehäuft solche Verformungen auftreten.[173]

Warum aber wirken Bilder so stark? Die Kommunikationswissenschaftler Maria Grabe und Erik Bucy haben im Jahr 2009 ein interessantes Buch dazu verfasst, wie sich Bilder und Videos gerade in Wahlkämpfen auswirken. In „Image Bite Politics" erklären sie, wie unser Gehirn visuelle Eindrücke anders verarbeitet als mündliche Sprache oder Text. Sie schreiben: „Mindestens fünf Aspekte der neurologischen Reaktion zeigen das Ausmaß, in welchem die Gehirnfunktion das Bild bevorzugt: Erstens die Geschwindigkeit, mit der Visuelles verarbeitet wird, zweitens die Effizienz, mit der visuelle Reize eingestuft und drittens im Gehirn abgespeichert werden. Viertens: Wie die visuelle Wahrnehmung sowohl emotionale als auch ‚denkende' Regionen des Gehirns beansprucht und fünftens die Interaktionen der unterschiedlichen Verarbeitungsebenen während eines visuellen Reizes."[174]

Ganz einfach gesagt, verarbeitet unser Hirn optische Eindrücke in unterschiedlichen Regionen: Besonders rasch wird ein visueller Reiz ins limbische System weitergeleitet, das auch für Emotionen zuständig ist, ebenfalls werden diese Stimuli (vergleichsweise langsamer) in jene Teile des Gehirns weitergeleitet, die für bewusstes Denken verantwortlich sind.

13. Die Macht der Bilder

Und so lässt sich erklären, dass wir Menschen in Gefahrensituationen oft schon reagieren, bevor unser Hirn wirklich weiß, was die Gefahrensituation ist. Die Forscher erklären das mit einem Eichhörnchen am Gehsteig: Man sieht aus dem Augenwinkel ein braunes Objekt näher kommen. Prompt bleibt man stehen, noch ehe das Gehirn wirklich weiß, was los ist. Kurz darauf entspannt man, weil einem bewusst wurde, dass dieses näher kommende Objekt nur ein Eichhörnchen ist und kein bissiger Hund oder eine andere Gefahr.

Dieser Prozess ist ein biologischer Schutzmechanismus: Wenn wir eine potenzielle Gefahr erblicken, geht unser Körper prompt in einen Kampf-oder-Flucht-Modus über – noch bevor unser Verstand alle Details eingeordnet hat. Würden wir erst dann auf Gefahren reagieren, wenn unser Hirn das Gesehene zur Gänze verstanden hat, wäre es oftmals wohl zu spät. Dies zeigt aber auch, dass wir optische Eindrücke sowohl auf einer kognitiven als auch auf einer emotionalen und großteils unbewussten Ebene verarbeiten.

Eine wichtige Erkenntnis hierbei ist, dass unser Hirn visuelle Reize gleich verarbeitet, egal ob man gerade ein Bild in einer Zeitung anschaut oder eine Szene in der Natur. „Wenn wir uns das Foto eines Löwen ansehen, reagiert unser Körper darauf als ob der Löwe real sei", erzählte mir Grabe. Wenn Testpersonen Bilder von gefährlichen Situationen sehen, verändern sich ihr Herzschlag und ihr sogenannter Hautleitwert. Natürlich ordnet unser Verstand das Gesehene ein, aber unser Körper reagiert im ersten Moment, als müsse er gleich flüchten oder kämpfen. Obwohl Bilder wie Fotos im Netz oder Videos im Fernsehen medial *vermittelt* sind, wirken sie sehr *unmittelbar*. „Wir hinterfragen sie auch weniger als eine schriftliche Beschreibung", sagt Grabe.

13. Die Macht der Bilder

Der erste Eindruck bei einem Bild ist, dass es uns wie ein authentischer Abdruck der Realität scheint: Und oftmals hinterfragen wir diesen ersten Eindruck nicht weiter, wodurch sich Menschen so leicht täuschen lassen. Grabe ist in einem Punkt hoffnungsvoll: Gerade wenn Bildmanipulationen zunehmen, könnte es sein, dass Menschen eine größere Skepsis gegenüber Aufnahmen entwickeln. Zwar ändert das nicht, wie unser Gehirn gepolt ist und wie Bilder im ersten Moment wirken, aber sehr wohl könnten wir uns öfter daran erinnern, Fragen nach der Echtheit eines Fotos aufzuwerfen. „Was es wirklich braucht, ist Medienkompetenz-Unterricht in der Schule. Und dazu zählt auch visuelle Kompetenz", meint Grabe.

Es gibt noch eine weitere Erklärung, warum Bilder so effizient sind: Wir verstehen sie mühelos. Aus evolutionärer Sicht ist unser Gehirn schon sehr lange in der Lage, visuelle Eindrücke zu verarbeiten. Wohingegen Sprache, sowohl mündlich als auch schriftlich, erst später entwickelt wurde. Und auch heute zeigt sich, dass das Lesen von Text eine größere kognitive Anstrengung mit sich bringt als das Betrachten von Bildern. Aus evolutionärer Sicht ist die Verarbeitung visueller Reize eine unserer Kernkompetenzen: Noch bevor der Mensch Sprache oder gar Schrift beherrschte, konnte er optische Eindrücke einordnen. Während wir Bilder auf den ersten Blick verstehen, erfordert das Lesen von Text doch eine etwas größere kognitive Anstrengung. „Unser Gehirn ist nicht gebaut, zu lesen", schrieb etwa der Neurowissenschaftler Michael Gazzaniga.[175] Die Kommunikation über Bilder ist eindeutig niederschwelliger.

Mich wundert angesichts dieser Erkenntnisse nicht, dass auf sozialen Medien Bilder erfolgreich sind: Wer zwischendurch

durch seinen Facebook- oder Twitter-Feed scrollt, springt oberflächlich von einer Information zur nächsten. Bilder erfassen wir sofort, was gut zu dieser wenig konzentrierten Mediennutzung passt.

Auch Grafiken, die eine Mischung aus Bildern und ein wenig Text sind, versteht man noch vergleichsweise leicht – in der Marketingsprache wird das „snackable content" genannt, leicht konsumierbare Inhalte. Jeder Facebook-Nutzer kennt solche Beiträge: Zum Beispiel ist das Foto eines Politikers zu sehen und innerhalb des Bildes wurde auch ein Zitat der Person eingefügt. Mit einem Blick erkennen wir, dieser Politiker hat angeblich diese Aussage geliefert. Indem man Inhalte auf Social Media „snackable", also leicht konsumierbar, macht, gibt man ihnen eine höhere Chance, dass sie wahrgenommen und geteilt werden.

Einige tendenziöse Seiten sind ebenfalls geschickt darin, ihre Botschaften als „snackable content" zu vermarkten. Nehmen wir „Breitbart": Die erfolgreichsten Beiträge der rechten Seite auf Facebook sind Bilddateien – häufig Fotos mit Text darauf oder einfach nur ein grafisch hervorgehobenes Zitat. Obwohl nur rund fünf Prozent der Posts von „Breitbart" Fotos oder Grafiken sind, werden diese überproportional geteilt. Die Mehrheit der geteilten Beiträge (58 Prozent) sind Bilder, ermittelte die „Columbia Journalism Review" für das Jahr 2016.[76] Unter den zehn meistgeteilten Posts von „Breitbart" finden sich neun Bilder und ein Video.

Es lässt sich beobachten, dass gerade der rechten Szene die Macht der Bilder bewusst ist: So ist zum Beispiel die Alt-Right-Bewegung in den USA bekannt dafür, geschickt mit der Bildsprache des Internets zu spielen – vor allem mit sogenannten Memes. Memes sind Fotos, Videos oder

13. Die Macht der Bilder

Formulierungen, die immer neu aufgegriffen, überarbeitet und weiterentwickelt werden – quasi ein Running-Gag, der immer wieder neu erzählt wird. Der Begriff kommt eigentlich aus der Wissenschaft: Als „Mem" bezeichnet man Ideen, die unterschiedliche Formen annehmen und zwischen Personen weitergereicht werden können. Memes sind eine der unterhaltsamsten Facetten der Netzkultur – vermutlich haben Sie schon mal das Meme der „Grumpy Cat" gesehen. Es zeigt eine missmutig dreinblickende Katze, und auf dem Foto steht beispielsweise der Satz: „Ich hatte einmal Spaß. Es war furchtbar." Eine andere Variante dieses Memes ist eine Geburtstagskarte, auch hier sieht man das grantige Tier, nur steht diesmal am Foto: „Alles Gute zum Geburtstag, jetzt bist du deinem Tod ein Jahr näher."

Memes sind Teil der Popkultur geworden und rechte Akteure versuchen, diese Codes selbst auch zu nutzen. Das berühmteste Beispiel ist wohl „Pepe" der Frosch: Ursprünglich war Pepe ein grüner Frosch, der in einer Comicreihe ein Junggesellenleben führte und ziemlich viel kiffte. Doch aus dieser harmlosen Comicfigur machte die Alt-Right-Bewegung ein Hasssymbol: Sie verwendeten das Bild von Pepe in antisemitischen, frauenfeindlichen und rassistischen Bildern. Einmal sieht man Pepe als SS-Offizier grinsend vor einem Konzentrationslager stehen, ein anderes Mal trägt Pepe Trumps Frisur und steht fröhlich vor einem Grenzzaun, hinter dem Mexikaner weinen. Selbst Donald Trump retweetete ein Bild, das ihn als Pepe darstellt – und erntete dafür Kritik, weil er ein Hasssymbol aus der rechtsextremen Szene umso sichtbarer machte. Dem Erfinder Pepes namens Matt Furie ist diese Umdeutung seiner Comicfigur eigentlich gar nicht recht – er wollte nie, dass der Frosch

13. Die Macht der Bilder

eine Identifikationsfigur für Menschen wird, die den Holocaust oder Gewalt gegen Frauen unterhaltsam finden. Er hat mittlerweile diese Figur auch sterben lassen, aber natürlich verwenden sie rechte Nutzer (auch im deutschsprachigen Raum) weiterhin.[177]

Es ist bemerkenswert, wie sehr die rechtsextreme Internetcommunity auf Bilder setzt: Auch im deutschsprachigen Raum vernetzen sie sich in geschlossenen Gruppen im Internet, tauschen dort Fotos aus, die sie nachbearbeiten und damit Hassbotschaften verbreiten. Zum Holocaust-Gedenktag 2018 postete die TV-Moderatorin Anne Will ein Foto von sich, auf dem sie einen Zettel mit der Aufschrift „I remember #WeRemember" in der Hand hielt. In rechten Kreisen wurde dazu aufgerufen, Gedenkfotos wie dieses nachzubearbeiten. Online verbreiteten Nutzer dann zum Beispiel eine Bildmontage, bei der Anne Will einen Zettel mit dem Satz in der Hand hält: „Rapefugees welcome." Sinngemäß heißt das: Vergewaltigende Flüchtlinge sind willkommen. Die Erinnerung an die Gräuel des Holocausts wird also ersetzt mit harter Propaganda gegen Flüchtlinge – und zwar geschickt inszeniert in einem anschaulichen Bild.[178]

Es kann frustrierend sein, auf welch unfaire Weise Bilder eingesetzt werden. Doch ich glaube, wir können aus diesen Tricks unseriöser Akteure einiges lernen. Sie nutzen deswegen so oft grafisches Material, weil dieses stark wirkt. Doch diese Methode lässt sich ebenso für Richtigstellungen und Faktenchecks einsetzen.

Dazu führten die Forscher Jason Reifler und Brendan Nyhan interessante Experimente durch – sie testeten, ob eine Richtigstellung als Text oder als Infografik effizienter war. Zum Beispiel erhielten Studienteilnehmer Informationen

13. Die Macht der Bilder

über die Erderwärmung. Die eine Gruppe sah eine Infografik, wie sehr die Erdtemperatur seit den 1940er-Jahren angestiegen ist. Eine andere Gruppe wurde dieselbe Information als Text geschildert. Danach testeten die Forscher, welche Variante stärker wirkte: Das Bild hatte einen größeren Eindruck hinterlassen. Selbst überzeugte Republikaner nahmen die Information so stärker auf, dass sich die Erdtemperatur messbar erhöht hat. Das heißt nicht, dass sie die These des Klimawandels deswegen akzeptieren, aber zumindest inhaltlich sind sie in diesem Punkt mittels Infografik eher bereit, die richtige Information in ihren Wissensstand zu übernehmen. „Grafische Richtigstellungen scheinen effektiver zu sein im Reduzieren von falschen Wahrnehmungen als Text", protokollieren die Wissenschaftler.[179] Letztlich gibt dieses Ergebnis schon auch Hoffnung: So können Faktenchecks in Zukunft eine Spur effizienter werden, indem sie eindrückliche und leicht verständliche Bilder liefern. Die Macht der Bilder lässt sich auch für Aufklärung einsetzen.

– 14 –

DÜSTERE WERBEFORMEN

Stellen Sie sich vor, der wichtigste Wahlkampf der Welt findet statt: Die USA entscheiden über ihren künftigen Präsidenten oder Präsidentin. Doch amerikanische Bürger werden in den Monaten vor der Wahl gezielt online in Wut versetzt, russische Akteure geben sich als besorgte Amerikaner im Netz aus und verbreiten reihenweise aufwühlendes Material. Sie blenden rechten Amerikanern Beiträge ein, die diese in Rage versetzt. Sie schalten gezielt bei linken Amerikanern Postings, die diese erzürnen. Und möglich wird dies alles, weil amerikanische Konzerne nicht genau hinschauen, wer bei ihnen politische Werbung schaltet oder wer politische Seiten mitten im Wahlkampf betreibt. Und als diese mögliche russische Beeinflussung nach der Wahl Thema wird, dauert es nicht Wochen oder ein paar Monate, bis diese großen US-Plattformen ernsthafte Zahlen über derartige ausländische Aktivitäten im Wahlkampf vorlegen, es dauert nahezu ein Jahr und passiert erst auf Druck des US-Kongresses.

Genau das ist im amerikanischen Wahlkampf und seither passiert. Die mangelnde Transparenz politischer Akteure auf Social Media wurde deutlich. In diesem Kapitel werde ich beschreiben, wie mangelnde Transparenz (auch von politischer Werbung) Wahlen gefährdet, und zweitens welche Vorteile, aber auch Schattenseiten auf den Nutzer zugeschnittene Inserate im Netz haben.

Sehen wir uns die Lage in den USA etwas näher an: Zwischen Juni 2015 und August 2017 kamen Millionen Amerikaner auf Facebook mit Beiträgen und auch Werbung in Kontakt, die russische Akteure dort geschaltet

14. Düstere Werbeformen

haben – anscheinend um die Polarisation im Land weiter zu fördern. Jemand, der laut Facebooks Werberaster „Patriotismus" gut findet und in Texas lebt, bekam womöglich folgendes Sujet beworben: Man sieht eine Reihe berittener Grenzschutzbeamter auf einem Feld stehen. Dahinter tobt ein mächtiges Gewitter, Blitze schlagen im Hintergrund ein, die Grenzbeamten wirken erhaben, wie sie selbstsicher auf ihren Pferden sitzen. Auf dem Bild steht auch der Satz: „Leg dich nicht mit der Texas-Grenzkontrolle an, sie wird immer von Gott geleitet." Im Text zu diesem beeindruckenden Bild heißt es dann, dass Hillary Clintons Politik dazu führt, dass Illegale ins Land kämen. Auch ist von „Vergewaltigern, Drogendealern, Menschenhändlern" die Rede und es heißt, dass die Zahl der unschuldigen Einwanderer zu gering sei, um Migranten insgesamt willkommen zu heißen. Dieses Sujet wurde im August 2016 geschaltet, und zwar gezielt für Amerikaner im wahlberechtigten Alter. Die Fanseite, die diesen Beitrag bewarb, nannte sich „Heart of Texas" – dabei steckten Russen dahinter.[80]

Das ist eine von rund 3000 Werbungen, die laut Facebook russische Akteure wie die Internet Research Agency geschaltet haben sollen. Wie schon berichtet, ist das jenes kreml-nahe Unternehmen, das in St. Petersburg sitzt und gezielt mit gefälschten Postings im Netz Meinungsmache betreibt. Der US-Kongress hat einige dieser Postings mittlerweile offengelegt. Auch Fans von Hillary Clinton oder Sympathisanten der „Black Lives Matter"-Bewegung, die Polizeigewalt gegen Afroamerikaner anprangern, wurden mit eigens kreierten Fanpages und passenden Botschaften angesprochen. Das russische Vorgehen war durchaus clever: Sie haben bestehende Bruchlinien in der Gesellschaft gesucht

14. Düstere Werbeformen

und dazu passende Postings angefertigt, die diesen Bruch verstärken sollten. Anscheinend gingen die Russen dabei nicht einmal besonders geheim vor: Beispielsweise bezahlten sie die Werbung in Rubel.

Im Oktober 2017 mussten die Unternehmen Facebook, Google und Twitter vor dem US-Kongress aussagen, inwieweit sie Anzeichen für russische Beeinflussung gesehen haben oder sehen hätten können. Von keinem der drei Konzerne trat der CEO dort auf, weder Facebooks Mark Zuckerberg, Twitters Jack Dorsey oder Googles Sundar Pichai sagten in dieser Anhörung aus. Sie schickten ihre Anwälte – für Facebook war das Chefjurist Colin Stretch. Hier kam es zu einem bezeichnenden Austausch zwischen dem damaligen Senator Al Franken von der Demokratischen Partei und Facebooks Anwalt:

Senator Franken: Wie konnte Facebook, das sich ja damit rühmt, dass es Milliarden von Datenpunkten augenblicklich in persönliche Verbindungen ihrer Nutzer umwandeln kann, nicht diese Verbindung herstellen, dass amerikanische Wahlwerbung, die mit Rubel bezahlt wurde, aus Russland kommt? Das sind nur zwei Datenpunkte, amerikanische politische Werbung und russisches Geld, Rubel. Wie haben Sie diese zwei Punkte nicht verknüpfen können?
Anwalt Stretch: [...] Ich denke, rückblickend betrachtet, hätten wir einen breiteren Blick haben sollen. Das waren Signale, die wir übersehen haben, und die wir jetzt ...
Senator Franken (unterbricht): Okay. Menschen kaufen Werbung auf Ihrer Plattform in Rubel, es handelt sich um politische Werbung. Sie setzen die ganze Zeit Milliarden

14. Düstere Werbeformen

von Daten in Verbindung miteinander, zumindest höre ich, dass derartige Plattformen das tun. [...] Und Sie können nicht politische Werbung und Rubel zusammensetzen und merken: „Hmmm, diese zwei Datenpunkte ergeben gemeinsam etwas Schlechtes"?

Anwalt Stretch: Senator, es ist ein Signal, auf das wir achten hätten sollen. Und rückblickend betrachtet ist es eines, das wir übersahen.

Senator Franken: Okay, okay, ja. Wird sich Facebook nun verpflichten, künftig keine politische Werbung zu akzeptieren, die in fremder Währung bezahlt wurde? Sagen wir, mit Rubel oder nordkoreanischen Won? Werden Sie sich verpflichten, das nicht herzuzeigen?

Anwalt Stretch: Senator, unser Ziel ist es, von allen politischen Werbekunden, egal mit welcher Währung, künftig Belegdokumente zu verlangen, dass sie autorisiert sind, Werbung zu schalten. Das Signal der Währung, ich verstehe Ihre Sichtweise, ist ein Signal, das wir nicht hätten übersehen sollen. Das Währungssignal lässt sich leicht …

Senator Franken (unterbricht): Sie können da also nicht Nein dazu sagen? Bitte sagen Sie Ja oder Nein, Sir. Ich stelle Ihnen eine Frage, bitte antworten Sie mit Ja oder Nein. Das können Sie doch, Sie sind gebildet. Sie sind der Leiter der Rechtsabteilung von Facebook.

Anwalt Stretch: Ich kann Ihnen sagen, dass wir keine politische Werbung von ausländischen Akteuren zulassen werden. Ich bin so zurückhaltend bei Fremdwährung, weil es relativ leicht ist für böse Akteure, die Währung zu wechseln. Das ist ein Signal, aber es ist nicht genug. Wir müssen das breiter beleuchten.

Senator Franken: Warum sollte irgendjemand nordkoreanische Won einsetzen? Warum sollte sich ein böser Akteur denken: „Ich werde Facebook reinlegen, indem ich nordkoreanische Won einsetze"?
Anwalt Stretch: Senator, unser Ziel ist sicherzustellen, dass wir alle Formen des Missbrauchs adressieren ...
Senator Franken (unterbricht): Mein Ziel ist, dass Sie diese Dinge etwas besser durchdenken![181]

Dieser Auszug verdeutlicht auch, wie erhitzt die Debatte rund um russische Beeinflussung geführt wurde. Kein Wunder: Facebook gab zu, dass insgesamt 80.000 Beiträge von russischen Akteuren verfasst wurde, wovon 3000 bezahlte Posts waren, die gezielt Bürgern aus dem linken oder rechten Lager angezeigt wurden. Insgesamt landeten diese russischen Facebook-Posts im Feed von 126 Millionen Amerikanern.[182] Google fand unter anderem 1100 Videos auf seiner Plattform YouTube, die wahrscheinlich ebenfalls mit solchen russischen Aktivitäten zusammenhängen, und mehr als 300.000 Mal aufgerufen worden waren.[183] Twitter, wie schon berichtet, erfasste mehr als 50.000 automatisierte Accounts aus Russland, die 2,12 Millionen Tweets verfassten und die auch häufig Donald Trumps Botschaften unterstützten.[184]

Nun könnte man natürlich einwerfen: Gemessen an der Gesamtgröße der Vereinigten Staaten sind solche Zahlen gar nicht so spektakulär, insgesamt leben in der USA rund 320 Millionen Menschen, fast 139 Millionen Erwachsene gingen 2016 wählen – was können diese mehrere tausend russische Posts schon bewirkt haben?[185] Der tatsächliche Einfluss, den diese Meinungsmache hatte, konnte bisher nicht beziffert werden: Wohl aber war es garantiert kein

14. Düstere Werbeformen

positiver Faktor, dass in einer ohnehin schon erhitzten Phase auch noch russische Provokateure die Stimmung anheizten, und digitale Plattformen nicht von selbst dagegen vorgingen oder zumindest die Öffentlichkeit warnten. Wir sehen hier einerseits, wie gerissen die russische Meinungsmache funktioniert, und andererseits wie wenig Transparenz auf sozialen Medien herrscht.

Accounts wie „Heart of Texas" mischen sich im Wahlkampf ein, sie schalten sogar Werbung, Facebook verdient also an solchen Profilen. Verheimlicht wird der Öffentlichkeit aber, wer genau hinter diesem Account steckt und zum Beispiel auch die Werbung bezahlt. Und diese Intransparenz ist ein Problem, wenn Wahlkämpfe fair bleiben sollen.

Übrigens gibt es hier sogar Parallelen zu Europa: Auch in unseren Breiten erleichtert die fehlende Transparenz bei Facebook-Accounts unfaire Methoden. Ein eindeutiges Beispiel hierfür ist der österreichische Wahlkampf 2017, in dem anonyme Facebook-Seiten gegen einzelne Spitzenkandidaten auftauchten. Die berüchtigtste Seite hieß „Die Wahrheit über Sebastian Kurz" und sollte den konservativen Kandidaten (und mittlerweile Kanzler) Sebastian Kurz diskreditieren. Dieser wurde als Lügner und als Nachmacher der Rechtspopulisten dargestellt. Ein besonders problematisches Sujet zeigte auch den jüdischen Milliardär George Soros, der angeblich der „Einflüsterer" des Politikers sei. Im Beitrag hieß es überdies, dass Soros „die Politik nach seinen Interessen" steuere. Eine Behauptung, die gut zum klassisch antisemitischen Erzählmuster vom Juden, der insgeheim die Weltpolitik lenken würde, passt. Längere Zeit gab es den Verdacht, dass hinter der Seite rechte Akteure stecken, weil die Rhetorik anderen rechten Seiten ähnelte.

14. Düstere Werbeformen

Noch im Wahlkampf flog auf: Insgeheim hatte Politikstratege Tal Silberstein, Berater der Sozialdemokraten, die Seite gestartet, um unerkannt den politischen Gegner diskreditieren zu können. Insgesamt hatte diese Seite 15.000 Likes, das ist keine sonderlich hohe Fanzahl, doch dieser Account steckte auch immer wieder Geld in Facebook-Werbung. Bis heute ist unklar, wie viel Geld genau in angriffige Facebook-Inserate dieser Seite floss und wie vielen Österreichern dies angezeigt wurde. Zweitens flog auch eine zweite, kleinere Seite auf, die „Die Wahrheit über Christian Kern" hieß und wiederum den sozialdemokratischen Spitzenkandidaten (und damals Kanzler) Christian Kern als Lügner und Pharisäer darstellte. Hier stellte sich heraus, dass ein früherer Funktionär der Konservativen das betrieben und auch beworben hat, er beteuert, im Alleingang hier tätig gewesen zu sein.[186] Eine gründliche Aufarbeitung dieser Vorfälle gab es nach der Wahl nicht mehr, sowohl die Konservativen als auch die Sozialdemokraten stellten die Klagen gegen die jeweils andere Seite ein.

Das österreichische Beispiel ist global gesehen harmlos – verglichen mit einer Weltmacht wie den USA. Doch auch hier wird deutlich, wie verlockend es für politische Akteure sein kann, auf sozialen Medien unter falschem Namen wütend machende Botschaften zu verbreiten und Werbung zu schalten. Sowohl unfaire Wahlkampfberater als auch ausländische Akteure können das für ihre Zwecke womöglich unerkannt einsetzen. Zumindest bisher.

Nach all der Aufregung gab Facebook Änderungen bekannt: Politische Werbung soll künftig klar gekennzeichnet sein. Wer wahlkampfbezogene Inserate schaltet, muss seinen Namen und seine Adresse dabei belegen und außerdem die

14. Düstere Werbeformen

Information angeben, wer die Einblendung bezahlt. Zum Beispiel steht bei einem beworbenen Beitrag im Feed dann „Paid for by" und der Name der wahlwerbenden Einrichtung. Eigens entworfene Algorithmen sollen in Zukunft auch jene Fanpages identifizieren, die politische Werbung schalten, aber dies nicht transparent machen. Wie so oft, wird Facebook dieses System zuerst in den USA starten und dann auf andere Länder ausweiten. Es muss sich also noch zeigen, wie effizient die neue Kontrolle ist und auch, bis wann diese in Europa ankommt – aber grundsätzlich klingt das schon nach einer Verbesserung, die Facebook womöglich auch einführt, ehe es von Gesetzgebern zu härteren Schritten gezwungen wird.

Eine weitere Reform betrifft alle Facebook-Seiten, die Werbung schalten: Künftig sollen Nutzer auf jeder Seite anklicken können, welche Inserate diese Page aktuell bei unterschiedlichen Nutzern schaltet. Wenn eine Partei oder eine Marke also gezielt Männer über 60 bewirbt, sollen auch neugierige Bürger die Inserate sehen können, die weder männlich sind, noch in diese Altersgruppe fallen. Das ist eine Reaktion auf intransparente politische Werbung, bei der unterschiedliche Zielgruppen verschieden beworben werden. Im US-Wahlkampf sorgten solche Inserate für Furore, teils mit überzogener, teils mit berechtigter Aufregung.[187]

Gerade im deutschsprachigen Raum löste ein Text über Trumps Online-Werbung Entsetzen aus. Die Schweizer Publikation „Das Magazin" veröffentlichte einen Artikel mit dem Titel „Ich habe nur gezeigt, dass es die Bombe gibt".[188]

Passenderweise schlug der Text ebenfalls ein wie eine Bombe. Der Artikel behauptete, dass Big Data, also riesige

14. Düstere Werbeformen

Datenmengen, sowie psychologische Persönlichkeitsanalysen Trump mit zum Sieg verholfen hätten. Konkret beschrieb der Artikel die Methoden des britischen Kampagnenberaters Cambridge Analytica. Dieses Unternehmen wirbt damit, dass es sogenannte Psychogramme von Bürgern anbietet. Basierend auf der Persönlichkeitsstruktur eines Menschen können ihm dann passende politische Inserate im Netz eingeblendet werden, auf die der Einzelne besonders anspringt. Wer aufgeschlossen und extrovertiert ist, soll eine andere Werbung sehen als jemand, der eher neurotisch und pflichtbewusst ist. Die Zukunft der politischen Wahlwerbung ist, laut Cambridge Analytica, die Psyche der Bürger richtig zu erfassen und ihnen dazu passende, maßgeschneiderte Botschaften zu liefern. Die Geschichte des Schweizer „Magazins" verbreitete sich wie ein Lauffeuer auf Social Media, viele Nutzer teilten den Artikel entsetzt und fürchteten prompt eine neue Form der Manipulation.

Doch es stellte sich heraus: Die Aufregung war überzogen – speziell, was die gefürchteten Psychogramme betrifft. Diese Form der psychologiebasierten Werbung kam im US-Wahlkampf nicht zum Einsatz, räumte das Unternehmen später ein.[189] Ganz so allmächtig und allwissend, wie manch ein Leser fürchtete, ist das Beratungsunternehmen Cambridge Analytica dann doch nicht. Allerdings lohnt es sich schon, die Arbeit von Cambridge Analytica und den Online-Wahlkampf von Donald Trump näher anzusehen, um moderne digitale Kampagnen zu verstehen.

Beginnen wir bei Cambridge Analytica: Wenn keine „Psychogramme" zum Einsatz kamen, was machte das britische Unternehmen konkret im amerikanischen Wahlkampf? Im April 2017 trat David Wilkinson, der leitende

14. Düstere Werbeformen

Datenwissenschaftler von Cambridge Analytica für die Trump-Kampagne, in Wien auf. Er erklärte den faszinierten – und vielleicht zum Teil auch beunruhigten – Zusehern, was sein Unternehmen denn generell so tut: „Wir kombinieren Big Data, speziell in den USA, wo Daten auf der individuellen Ebene sehr gut erhältlich sind, mit Forschung, also mit Umfragen, wie Menschen denken. Und wir verbinden das mit Datenwissenschaft, Verhaltenspsychologie, um zu verstehen, wovon Menschen innerlich angetrieben werden, warum sie auf eine gewisse Weise wählen oder warum sie über ein Thema auf eine gewisse Weise denken. Der letzte Schritt ist dann zielgerichteter Einsatz [...]. Man versucht, die richtige Person zur richtigen Zeit zu adressieren, bei der es wahrscheinlich ist, dass sie an die eigene Botschaft glaubt."[190]

In der Werbesprache nennt sich das „Micro Targeting", Kampagnen versuchen präzise zu identifizieren, welche Nutzer für sie relevant sind, also zu den potenziellen Käufern ihres Produktes oder Wählern ihres Kandidaten zählen. Während klassische Werbung einen hohen „Streuverlust" hat, weil viele Menschen die Einschaltung sehen, die niemals den Kandidaten oder das Produkt wählen würden, soll Targeting deutlich effizienter sein.

Die Digitalisierung hat dergleichen zielgerichtete Inserate möglich gemacht, weil Nutzer sehr viele Spuren im Netz zurücklassen – und Unternehmen daraus Rückschlüsse ziehen. Die Information, welche Webseiten ein Browser ansteuert, nach welchen Produkten von einem Computer gesucht wurde, verrät Werbern viel darüber, welcher Konsumententyp wohl vor dem Bildschirm sitzt. Während die deutschsprachige Politik noch deutlich analoger ist und

14. Düstere Werbeformen

meist auf breitenwirksame Kommunikation setzt, sind amerikanische Kampagnen schon seit mehreren Jahren mehr auf einzelne Wählergruppen zugeschnitten. Auch bei den Wahlkämpfen Barack Obamas wurde das schon deutlich.

Für Trump hat Cambridge Analytica jede Woche 15.000 Amerikaner zur kommenden Abstimmung befragt und daraus hochgerechnet, wie er derzeit in der Bevölkerung dasteht. In den wahlentscheidenden Bundesstaaten ging es darum, jene Bürger mit der für sie passenden Werbung zu adressieren. Wie Datenwissenschaftler David Wilkinson erklärt, konzentrierte sich die Kampagne auf zwei Wählersegmente: „Zu den wichtigen Segmenten zählte jene Gruppe, die überzeugt werden kann: Wo Menschen noch unentschlossen sind oder nur leicht in Richtung eines Kandidaten neigen, aber wahrscheinlich wählen gehen werden. Und dann gibt es noch das ‚get out the vote'-Universum: Diese Menschen wählen definitiv Trump, sofern sie denn wählen gehen – nur falls es regnet oder sie doch keine Lust an dem Tag haben, gehen sie dann doch nicht wählen. Ihnen muss man die Botschaft vermitteln, wie wichtig es ist, zu wählen, Trump zu unterstützen, die eigenen Rechte wahrzunehmen."[191]

Ein Beispiel, wie unterschiedliche Zielgruppen maßgeschneiderte Infos erhalten: Auf YouTube sahen Wähler, die noch überzeugt werden mussten, ein Inserat, in dem bekannte Amerikaner ihre Begeisterung für Donald Trump erklärten. Jene Internetnutzer hingegen, die zur „get out the vote"-Zielgruppe gehörten, bekamen eine andere Werbung eingeblendet. Hier wurde betont, wie wichtig und historisch die Wahl sein würde – und sie bekamen eine Suchmaske eingeblendet, mit der sie das eigene Wahllokal finden konnten.

14. Düstere Werbeformen

Außerdem machte Cambridge Analytica Untersuchungen, welchem Wähler welche Themen am Herzen lagen, erzählt Wilkinson: „Egal ob man über Arbeitsplätze redet, die Wirtschaft oder Kinderbetreuung: Man muss für jeden Einzelnen wissen, was ihm wahrscheinlich ein wichtiges Thema ist. Es gibt keinen Grund, mit ihm über Dinge zu reden, die ihn nicht interessieren. [...] Das sind keine Lügen: Man teilt ihnen ja Inhalte mit, die Trump tatsächlich verkündet. Zum Beispiel zeigt man ihnen dann, wie Trump über die Wirtschaft denkt."[192]

Das heißt, aus dem inhaltlichen Portfolio des Kandidaten werden dem Bürger online möglichst speziell jene Themen als Online-Inserat angezeigt, die ihm nahegehen. „Was Cambridge Analytica für die Trump-Kampagne tat, ist klassisches Targeting", sagte Sasha Issenberg, amerikanischer Journalist und Autor des Buches „The Victory Lab: The Secret Science of Winning Campaigns". Issenberg ist Experte für amerikanische Wahlen: „Allein in Washington gibt es zehn republikanische Unternehmen, die diese Arbeit ebenfalls erledigen hätten können." Er selbst hat auch schon Einblick in die Arbeit von Cambridge Analytica nehmen können und fand den Hype überzogen – eben weil die berüchtigten Psychogramme gar nicht zum Einsatz kamen.

Issenberg findet Targeting an sich eine gute Sache: „Microtargeting hat den politischen Diskurs verbessert. Nehmen Sie die 1950er- und 1960er-Jahre: Damals ging es in Kampagnen wie jener von Präsident Eisenhower nicht wirklich um viele Themen." Amerikanische Politiker hätten früher mehr mit Allgemeinplätzen kommuniziert, erst als immer mehr unterschiedliche Medien hinzukamen – von vielen TV-Sendern bis zu Postwurfsendungen – seien

14. Düstere Werbeformen

Kampagnen inhaltsstärker geworden. „Microtargeting hat es möglich gemacht, eine Community zu finden, die ein konkretes politisches Interesse besitzt, über das der Kandidat mit den interessierten Bürgern reden kann", sagt Issenberg. Das Internet hat diese Möglichkeiten noch einmal potenziert.

Ich sehe Targeting skeptischer. In meinen Augen birgt exzessives Targeting zwei gesellschaftliche Risiken. Es kann dem Wähler ein verzerrtes Bild eines Kandidaten liefern, und Targeting ist häufig intransparent.

Zum ersten Kritikpunkt: Sehr umfassendes Microtargeting kann dazu führen, dass bei Wählern eine verzerrte Wahrnehmung entsteht. Nehmen wir an, ein Bürger sieht immer wieder Werbung, dass ein Kandidat der demokratischen Partei den Umweltschutz verbessern will. In diesem Fall entsteht vielleicht der Eindruck, dass Umweltschutz eines der Top-Themen des Politikers sei. Das muss gar nicht zutreffen: Die Software eines Targeting-Anbieters kann einfach zum Ergebnis gekommen sein, dass diesen Internetnutzer Umweltschutz interessiert – und deswegen erhält er ständig Werbung dazu, obwohl das Thema nur ein Randthema des Kandidaten ist. Exzessives Targeting kann bewirken, dass gesellschaftliche Gruppen das Gefühl bekommen, ein Kandidat würde genau ihre Wertvorstellungen repräsentieren – auch wenn dies nicht ganz stimmt. In persönlichen Gesprächen haben Politiker das natürlich schon immer so gehandhabt: Sie versuchen, von einem Wähler zu erfahren, was ihm wichtig ist, und betonen dann, wie gut seine Wünsche angeblich zum eigenen Wahlprogramm passen. Das Neue ist nur, dass Software viel flächendeckender bei Bürgern den Eindruck stiften kann, als hätte ein Politiker deckungsgleiche

14. Düstere Werbeformen

Ansichten wie sie. Gutes Marketing lügt nicht wirklich, aber es verkauft ein Produkt äußerst geschickt.

Die zweite Schattenseite ist, dass Targeting zu Intransparenz politischer Kampagnen führen kann. Im US-Wahlkampf fiel eine besonders umstrittene Werbeform auf: Mitarbeiter Trumps setzten sogenannte „dark posts" ein. Das sind Inserate, die nur jene Nutzer sehen können, die dabei adressiert werden. Für alle anderen bleibt der Beitrag verborgen. Hierbei adressierten sie gezielt Wählergruppen, die eher zu Hillary Clinton tendierten, und zeigten denen abschreckende Botschaften über die Kandidatin an. Amerikanerinnen sahen zum Beispiel Behauptungen von Frauen, die Bill Clinton sexuelle Belästigung vorwarfen. Schwarze Bürger erhielten ein Zitat von Hillary Clinton eingeblendet, laut dem sie afroamerikanische Straftäter als „super predators" – als Super-Raubtiere – bezeichnete. Tatsächlich handelte es sich hier um ein reales Zitat aus dem Jahr 1996, für das sich Hillary Clinton später entschuldigt hat. Dass Trumps Team „dark posts" einsetzte, zeigte Journalist Issenberg mit seinem Kollegen Joshua Green auf. Bis dahin war vielen Bürgern nicht bewusst gewesen, dass man auf Facebook Werbung schalten kann, die nur für eine winzige Zielgruppe sichtbar (und für die breite Masse unsichtbar) ist.

Wohl auch deswegen führt Facebook nun mehr Transparenz bei Werbung ein: da „dark posts" immens umstritten sind. Sie ermöglichen zum Beispiel, dass Parteien bei unterschiedlichen Wählern unterschiedliche Botschaften setzen. Ein solcher Fall fiel in der deutschen Bundestagswahl auf: Je nachdem, welcher Zielgruppe man angehörte, verbreitete der CDU-Politiker Jens Spahn deutlich unterschiedliche Meldungen. Für Großstädter zwischen 20 und 50 Jahren schaltete

14. Düstere Werbeformen

er beispielsweise ein Inserat, auf dem man lachende junge Menschen sieht, von denen ein Teil anscheinend Migrationshintergrund hat. Daneben steht der Satz: „Deutschland ist großartig." Wer sich allerdings für die AfD interessiert, der bekam eine andere Botschaft eingeblendet. Gezielt bei diesen Bürgern warb er mit einer Landkarte und dem Slogan: „Sichere Außengrenzen für ein sicheres Europa." Diese Werbung erschien nicht auf der Facebook-Seite von Jens Spahn – es handelte sich um ein „dark post". Nur wer die AfD gelikt hatte und zur Zielgruppe gehörte, bekam die Meldung womöglich zu sehen, wie Reporter der ARD herausfanden. „Bei Jens Spahn bekommen verschiedene Zielgruppen offensichtlich das, was besser zu ihrem Weltbild passt", notieren sie in ihrer sehenswerten Doku „Infokrieg im Netz".[193]

Auch wenn die deutschsprachige Politik nicht ganz so datengetrieben ist wie amerikanische Wahlkämpfe, verdeutlicht dieser Vorfall: Umstrittene Werbeformen kommen auch hier zum Einsatz. Dementsprechend gut ist es, dass Facebook künftig alle Werbesujets offenlegen wird, die eine Fanpage gerade schaltet. Wobei sich durchaus die Frage stellt, ob europäische Gesetzgeber einheitliche Standards einführen sollten: Bisher obliegt es großen Plattformen, freiwillig zu entscheiden, wie viel Information sie über politische Werbung offenlegen. Nachdem es offensichtlich zu Missbrauch kam, verbessert nun Facebook seine Transparenzauflagen. Ich persönlich fände es vernünftig, über einheitliche Regeln für alle großen Social-Media-Plattformen nachzudenken – um nicht davon abhängig zu sein, was Seiten wie Facebook, Twitter, YouTube von selbst mitteilen.

– 15 –

WANN FALSCHMELDUNGEN STRAFBAR WERDEN

Kann man gegen Falschmeldungen juristisch etwas machen? Viele Bürger beunruhigt, welch bösartige Gerüchte oder auch demokratieschädigende Behauptungen online verbreitet werden. Wenn ich über dieses Thema spreche und Beispiele krasser Irreführung bringe, fragt häufig jemand: Darf man denn das? Ist es wirklich erlaubt, solche Geschichten zu verbreiten?

Im deutschsprachigen Raum haben wir strenge Gesetze, die den Einzelnen vor Rufschädigung schützen. Doch viele Falschmeldungen sind zu unbestimmt, als dass sie unter diese Paragrafen fallen. Da heißt es etwa: „ein Asylant" hätte in einem Schwimmbad eine Straftat begangen, oder Flüchtlinge bekämen mehr Geld vom Staat als gebürtige Deutsche. Wenn solche Geschichten erfunden werden, ist dies zutiefst unfair, aber nicht automatisch klagbar. Denn dafür bleibt die Botschaft zu anonym, es wird lediglich von „einem Flüchtling" gesprochen und kein konkreter Name genannt. Die Gesamtgruppe der Menschen mit positivem Asylbescheid ist zu groß, als dass ein einzelner Flüchtling vor Gericht argumentieren könnte, er sei dadurch konkret geschädigt worden.

Zu Recht könnte man hier die Frage aufwerfen: Ist das nicht vielleicht schon Verhetzung? Immerhin heizen solche irreführenden Behauptungen die Wut über einzelne Minderheiten an und haben womöglich einen negativen Effekt auf das politische Klima. In Österreich stehen bis zu zwei, in Deutschland bis zu fünf Jahre auf den Tatbestand der Verhetzung. Doch auch dieser Paragraf hilft einem oft nicht weiter:

15. Wann Falschmeldungen strafbar werden

Strafbare Hetze betreibt, wer zu Gewalt gegen Minderheiten wie Flüchtlingen aufruft oder dazu anstachelt. Diese Voraussetzungen erfüllen die meisten erfundenen Beiträge über Asylwerber nicht – denn sie beinhalten keine dezidierten Gewaltaufrufe. Theoretisch gibt es die Möglichkeit, dass eine Verleumdung auch als Volksverhetzung eingestuft wird, nur muss dafür in Deutschland vor Gericht belegt werden, dass der Täter wissentlich etwas Falsches verbreitet hat – das ist schwer nachweisbar. In Österreich wiederum müsste beim Täter sogar „Absicht" bewiesen werden, also dass er als Ziel hatte, eine ganze Minderheit zu verleumden, was noch schwieriger zu belegen ist. Der Würzburger Anwalt Chan-jo Jun ist spezialisiert auf Hassrede im Internet und fasst zusammen: „Der Volksverhetzungsparagraf kann nur einen Bruchteil der Hetze, die mittels Falschmeldungen betrieben wird, erfassen." Sehr viel Unsinn, selbst wenn er geeignet ist, den Volkszorn hervorzurufen, ist an sich nicht strafbar.

Ein Gesetz gegen Falschmeldungen wäre auch schwer realisierbar: Man stelle sich vor, jeder von uns kann verurteilt werden, wenn er öffentlich einmal etwas Falsches sagt. Ab diesem Moment gäbe es womöglich keine Medien mehr, weil auch der seriöseste Journalist nicht davor gefeit ist, irgendwann etwas Faktenwidriges zu verbreiten. Und mit Sicherheit gäbe es keine Satire mehr, weil diese ja von der Zuspitzung und dem Erfinden grotesker Szenarien lebt. Eine gesetzliche Regelung gegen Falschmeldungen läuft Gefahr, entweder überbordend oder aber ziemlich wirkungslos zu sein. Tatsächlich versucht gerade ein Land in Europa diesen Spagat dennoch zu schaffen: Präsident Emmanuel Macron plant ein Gesetz gegen Fake News. Dieses soll es ermöglichen, böswillig lancierte Falschmeldungen in Wahlkampfzeiten aus

15. Wann Falschmeldungen strafbar werden

dem Netz löschen zu lassen. Doch schon im Vorfeld werden Einwände hierzu laut, etwa jener, ob das Gesetz überhaupt effektiv sein kann: So muss vor Gericht nachgewiesen werden, dass der Autor wissentlich und mit bösem Vorsatz etwas Falsches verbreitete – und wie auch das Medium „Bloomberg" berichtet, ist solch ein Nachweis schwer zu erbringen.[194] Auf jeden Fall wird es interessant sein, die französische Debatte und womöglich die Auswirkungen dieses Gesetzes zu verfolgen. Es ist kein Wunder, dass sich ausgerechnet Macron hierfür einsetzt, war er doch selbst immens Opfer von Desinformation.

Im deutschsprachigen Raum lässt sich bisher nur nur ein spezieller Teil von Falschmeldungen erfassen. Jene rufschädigenden oder herabwürdigenden Äußerungen, bei denen eine konkrete Person oder bestimmte überschaubare Personengruppen in Verruf gebracht werden. Zu einem gewissen Grad können sich Betroffene also schon gegen irreführende Behauptungen wehren. Das anschaulichste Beispiel sind erfundene Politikerzitate – zwei Beispiele:

SPD-Politiker Martin Schulz lächelt in die Kamera. Neben seinem Gesicht steht der Satz: „Der Tod von einigen Deutschen ist ein kleiner Preis für die Sicherheit tausender Syrer."[195]

Frankreichs Präsident Emmanuel Macron schaut ernst, auf dem Foto von ihm wurde das Zitat eingefügt: „Wir waren furchtbar islamophob, und wir verdienen jeden Terrorakt, der uns zugefügt wird." Unter dem Foto von ihm sieht man eine zugedeckte Kinderleiche.[196]

Beides sind Beiträge auf Facebook, die dort Nutzer wütend kommentiert haben. Das Macron-Zitat zum Beispiel goutierte ein Arzt aus Rheinland-Pfalz mit den Worten: „Sagte

15. Wann Falschmeldungen strafbar werden

ich doch, ein Rothschildsklave." Eine anonyme Nutzerin, die Mönchengladbach als Wohnort angibt, schreibt über den französischen Staatschef: „Korruptes stück scheiße......und hochmut kommt VOR dem fall".[197]

Nüchtern betrachtet sind sowohl das fingierte Zitat von Schulz als auch jenes von Macron absurd: Kein Spitzenpolitiker würde so etwas sagen. Und trotzdem fallen Menschen regelmäßig auf solche erfundenen Zitate hinein und lassen sich dadurch aufwiegeln. Das gefälschte Zitat von Martin Schulz über den „Tod von einigen Deutschen" wurde beispielsweise oft gelikt und geteilt. Als Reaktion darauf tauchte auf Facebook noch eine zweite Bildbearbeitung auf: Diesmal sah man erneut das gefälschte Zitat von Schulz und daneben stand nun: „Die Antwort auf das SCHULZ-Geschwafel! Der Tod von einigen POLITIKERN ist ein kleiner Preis für die Sicherheit von Millionen Deutschen."

Selbst Spitzenpolitiker müssen sich solche Attacken nicht gefallen lassen: Erfundene Zitate erfüllen häufig den Tatbestand der üblen Nachrede, der Beleidigung oder gar der Verleumdung.

„Gegen einen Teil der Falschmeldungen im Internet kann man durchaus etwas tun. Wenn eine Aussage über eine konkrete Person ehrenrührig oder kreditschädigend ist, dann hat der Betroffene die Möglichkeit, sich zu wehren", sagt die österreichische Medienanwältin Maria Windhager. Sie weiß, wovon sie spricht, ihre Kanzlei vertritt die österreichischen Grünen, jene Partei im deutschsprachigen Raum, die wohl am meisten Verfahren gegen aufpeitschende erfundene Behauptungen im Internet angestoßen hat – zum Beispiel ging Windhager gegen Betreiber von Facebook-Fanpages vor, die über die frühere Grünen-Chefin Eva Glawischnig gefälschte

15. Wann Falschmeldungen strafbar werden

Zitate verbreitet hatten. Glawischnig wurde etwa zugeschrieben, sie fände es in Ordnung, wenn muslimische Männer mit 12-jährigen Mädchen ungestraft Sex haben – eine Erfindung. Insgesamt rund 40 Verfahren leiteten die Grünen ein und gewannen den Großteil davon. Auch erzielte Maria Windhager die erste einstweilige Verfügung gegen Facebook, die es im deutschsprachigen Raum bisweilen gab, im Rahmen dieser Prozesse. Das Unternehmen wurde gezwungen, einen beleidigenden Beitrag zu entfernen, den Facebook bis dahin online stehen gelassen hatte.

Allerdings kann die juristische Selbstverteidigung teuer sein – denn Tatbestände wie „üble Nachrede" oder „Beleidigung" sind in Österreich Privatanklagedelikte, bei denen nicht der Staatsanwalt zuständig ist. Hier trägt man als Kläger (so wie im Zivilverfahren) ein Prozessrisiko, verliert man vor Gericht, muss man die Anwaltskosten des Gegners, die eigenen Answaltskosten und die Gerichtskosten übernehmen. „Wenn man sich gegen üble Nachrede juristisch zur Wehr setzt, kommt man schnell auf ein Prozessrisiko von 5.000 bis 10.000 Euro. Wenn man neben dem Strafrecht auch zivilrechtliche Ansprüche geltend macht, damit zum Beispiel das eigene Bild nicht für Herabwürdigungen verwendet wird, ist man bei einem Prozessrisiko von 25.000 bis 40.000 Euro", erklärt Maria Windhager die österreichische Rechtspraxis.

In Deutschland gibt es kein solches Kostenrisiko bei Anzeigen wegen Beleidigung oder übler Nachrede – jedoch muss der Staatsanwalt entscheiden, ob hier öffentliches Interesse besteht, ansonsten wird der Fall nicht strafrechtlich verfolgt. Bisher fällt die deutsche Justiz hier nicht mit überbordendem Interesse auf, rufschädigenden Postings konsequent nachzugehen. Das ist das zweite große Problem im

15. Wann Falschmeldungen strafbar werden

juristischen Kampf gegen Äußerungsdelikte – nicht jeder Staatsanwalt verfolgt diese Fälle gleich ernst.

Ende 2016 sorgte ein Fall für Entsetzen und Wut: In Freiburg war eine Studentin von einem Flüchtling zuerst vergewaltigt und dann ermordet worden. Online wurde damals ein erfundenes Zitat verbreitet, wonach die deutsche Grüne Renate Künast in der „Süddeutschen" gesagt hätte: „der traumatisierte Junge Flüchtling hat zwar getötet man muss ihm aber jetzt trotzdem helfen."[198] Diese Fälschung wurde prompt mehrere tausend Mal gelikt und geteilt. Und obwohl der Betrug Facebook rasch gemeldet worden war, entfernte die Plattform das Sujet erst Tage später. Künast erstattete damals Anzeige gegen den Verbreiter dieses „Zitats", einen namhaften Schweizer aus der rechten Szene. Die Staatsanwaltschaft Berlin stellte die Ermittlungen aber ein – laut „Tagesspiegel", weil es sich „lediglich um ein Äußerungsdelikt" handle und für den Beschuldigten „kein Aufenthaltsort im Bundesgebiet" bekannt sei.[199]

Zu Recht kritisierte damals Heribert Prantl in der „Süddeutschen" die Einstellung einiger Verfahren. Er schrieb: „Ein Ermittlungsverfahren wird eingestellt, so steht es in Paragraf 170 der Strafprozessordnung, wenn kein ‚hinreichender Tatverdacht' besteht. In den Facebook-Fällen gibt es den hinreichenden Verdacht durchaus – auch gegen die Staatsanwaltschaft. Man hat nämlich den Verdacht, dass die einfach zu bequem ist, sich gegen eine Flut von Bösartigkeit, Gemeinheit und Hass zu stellen. Aber: Faulheit ist kein Grund dafür, Strafverfahren einzustellen."[200]

Das Ganze zeigt: Strenge Gesetze wirken nicht allein, es braucht auch eine Justiz, die das ernsthaft verfolgt – und hier scheinen nicht alle Staatsanwälte gleich sensibilisiert zu

15. Wann Falschmeldungen strafbar werden

sein, wie ernst solche rufschädigenden oder verletzenden Aussagen im Netz sein können.

Unterdessen hat die deutsche Regierung auch eine andere Maßnahme ergriffen, um Hetze online einzudämmen: Das Netzwerkdurchsetzungsgesetz (NetzDG) soll sicherstellen, dass große Plattformen strafbare Inhalte auch wirklich rasch entfernen. Entfernt ein großes soziales Netzwerk wie Facebook rechtswidrige Inhalte systematisch nicht, nachdem diese von Nutzern gemeldet werden, droht diesem Unternehmen eine hohe Bußgeldzahlung von bis zu 50 Millionen Euro. Manchmal wird das NetzDG auch als Gesetz gegen Fake News dargestellt, wobei das eigentlich so nicht ganz stimmt: Das Netzwerkdurchsetzungsgesetz soll bewirken, dass ohnehin bereits strafbare Inhalte aus sozialen Medien gelöscht werden – der große Teil der Falschmeldungen ist legal und bleibt legal. Hier verändert das Gesetz nicht, was erlaubt und was verboten ist – Illegales soll nur rascher entfernt werden. Am Netz-DG gibt es auch viel Kritik: Wenn Plattformen ungenau prüfen, werden womöglich ebenfalls legale Wortmeldungen ohne Grund entfernt. Es ist durchaus möglich, dass der deutsche Gesetzgeber hier noch juristisch nachbessern wird. „Es wäre falsch, das Netzwerkdurchsetzungsgesetz gänzlich abzuschaffen. Wenn jemand zum Beispiel von der Löschung seines Kommentars betroffen ist, solle ihm eine Möglichkeit gegeben werden, gegen diese Entscheidung vorzugehen, notfalls auch vor Gericht", sagt Anwalt Jun. Er findet aber grundsätzlich richtig, dass es nun Konsequenzen für Plattformen gibt, die Strafbares ignorieren. Jun weist darauf hin, dass strafbare Inhalte, die auf Facebook früher stehen geblieben sind, mittlerweile gelöscht würden, beispielsweise Postings, die den Holocaust leugneten.

15. Wann Falschmeldungen strafbar werden

Wehren sich Betroffene juristisch gegen Falschmeldungen, dann muss ein Gericht entscheiden, ob die verbreitete Behauptung allenfalls noch von der Meinungsfreiheit gedeckt ist. Wobei unseriöse Akteure gerne dieselbe Verteidigungsstrategie anwenden: Sie behaupten, es sei ja nur Satire. Oft steht bei erfundenen Zitaten in winziger Schrift das Wort „Satire" dabei, oder bei komplett erfundenen Artikeln ist ganz unten auf der Seite vermerkt, dass alles nur ein „Witz" sei. Wir erinnern uns an das erfundene Zitat von Angela Merkel: „Wir sollten solche Attentate wie in Paris nicht als Islamhass ausschlachten, sondern als einen Teil unseres Lebens akzeptieren, um die Integration unserer muslimischen Mitbürger nicht zu gefährden."[201] Auch auf diesem Bild war klein der Hinweis auf Satire hinzugefügt worden. Allerdings ist das kein magischer Trick, mit dem man jegliche gerichtlichen Konsequenzen vermeiden kann. Rechtsanwältin Windhager dazu: „Dass Satire alles darf, lässt sich zumindest aus juristischer Sicht verneinen. Konkret geht es oft um die Frage, ob ein Sujet tatsächlich eine Zuspitzung eines realen Sachverhalts ist: Auch Satire braucht das Körnchen Wahrheit, ansonsten ist es keine Satire, sondern einfach eine plumpe Unterstellung." Das Gute an Gerichtsverfahren ist, dass genau solche Fragen (oft über mehrere Instanzen hinweg) sehr genau erwogen werden.

Wann hat man vor Gericht gute Karten, wenn man Opfer rufschädigender Behauptungen wird? „Eindeutige Fälle sind mit Ausnahme von reinen Hasspostings selten, es bleibt immer ein Restrisiko, weil die Gerichte einen sehr weiten Ermessensspielraum haben; jeder Fall wird einzeln geprüft. Aber es gibt eine Grundregel: Je herabwürdigender

15. Wann Falschmeldungen strafbar werden

und beleidigender eine Falschmeldung über eine Person ausfällt, umso größer ist Chance einer Verurteilung", sagt Medienanwältin Windhager. Insgesamt werden Gesetze das Problem der Falschmeldungen sicher nicht als Ganzes lösen – aber es ist doch ein Schmutzmechanismus, der den unmittelbar persönlich Betroffenen einer falschen Behauptung zur Verfügung steht. Und je öfter sich Opfer von Desinformation juristisch wehren, desto größer wird die Chance, dass besonders manipulative oder hetzerische Akteure doch auch mit Geldbußen oder sogar mit Haftstrafen belangt werden.

/ – 16 –

WELCHES NETZ MÖGLICH WÄRE

Mein letztes Buch schloss ich mit einem historischen Beispiel ab. Ich meinte, die jetzige Phase des Internet lässt sich mit der Frühzeit des Automobils vergleichen. Auch das Auto hat sich erst mit der Zeit zu jenem mächtigen Gefährt entwickelt, das es heute ist. Wichtige Sicherheitsapparaturen wie Scheibenwischer, Gurte bis hin zu Airbags wurden erst mit der Zeit entwickelt. Auch kamen immer mehr Gesetze für den korrekten Umgang im Straßenverkehr hinzu. Ich argumentierte, dass wir im Netz nun in einer vergleichbaren Phase angekommen sind, in der wir auch für das Internet mehr Sicherheitsmechanismen gegen den Missbrauch dieser wunderbaren Erfindung einfordern müssen.

Allerdings möchte ich aus heutiger Sicht ergänzen: Natürlich ist auch möglich, dass die Geschichte diesmal einen anderen Lauf nimmt und wir es als Gesellschaft verabsäumen, genügend Schutzmechanismen und demokratische Kontrolle ins Netz einzubauen. Es ist kein Naturgesetz, dass das Missbrauchspotenzial oder unvorteilhafte Nebeneffekte neuer Technologie rechtzeitig erkannt und bekämpft werden.

Nehmen wir demokratische Abstimmungen: Selbstverständlich können marktdominante Unternehmen wie Facebook und Google Einfluss auf Wahlen haben, wie ein groß angelegtes Experiment aus dem Jahr 2010 zeigte. Damals untersuchten Wissenschaftler in Kooperation mit Facebook, inwieweit Hinweise aus dem sozialen Netzwerk die Wahlbeteiligung erhöhen.

Eine riesige Versuchsanordnung: 60 Millionen Menschen, also ungefähr jeder vierte amerikanische Wahl-

16. Welches Netz möglich wäre

berechtigte, bekam auf Facebook einen Hinweis am Tag der US-Kongresswahlen eingeblendet. Die Nutzer sahen das Gesicht von Freunden, die online angegeben hatten, dass diese bereits wählen waren. Und man konnte selbst auch klicken, dass man die Stimme abgegeben hat.

Um zu ermitteln, ob diese Hinweise die Wahlbeteiligung beeinflussten, gab es auch zwei Vergleichsgruppen: 600.000 Facebook-Nutzer sahen die neutrale Information, heute sei Wahltag – ohne Gesicht ihrer Freunde. Weiteren 600.000 Facebook-Nutzern wurde gezielt gar kein Wahlaufruf eingeblendet. Diese Forschung war möglich, weil sich in den USA einsehen lässt, welche Bürger an welcher Wahl teilgenommen haben. Natürlich ist geheim, für wen der Einzelne gestimmt hat, nur die Stimmabgabe wird offiziell erfasst. So konnte eruiert werden, welche Nutzer tatsächlich zur Wahl gegangen sind.

Es stellte sich heraus, dass der Wahlaufruf mit den Gesichtern von Freunden die Stimmabgabe erhöhte – bei diesen Nutzern stieg die Wahrscheinlichkeit der Wahlbeteiligung um 0,39 Prozentpunkte. Das klingt im ersten Moment nach wenig, in absoluten Zahlen bedeutet das aber: Insgesamt 340.000 Amerikaner waren zusätzlich wählen, weil Facebook ihnen den Hinweis zeigte – insgesamt stieg dadurch die Wahlbeteiligung in den gesamten USA um 0,14 Prozentpunkte. 0,14 Prozentpunkte können knappe Wahlen entscheiden: Hätte der Demokrat Al Gore im Jahr 2000 0,14 Prozent mehr Stimmen in Florida gehabt, wäre er Präsident der Vereinigten Staaten geworden – und nicht der Republikaner George W. Bush.

Dass ein einzelner simpler Hinweis im News Feed auf Facebook die Wahlbeteiligung einer ganzen Nation um

16. Welches Netz möglich wäre

0,14 Prozentpunkte verändern kann, ist bemerkenswert. Gerade weil Facebook so eine immens große Verbreitung in der Bevölkerung hat, war eine messbare Beeinflussung des Wahlverhaltens möglich. Die Wissenschaftler rund um den Politologen James Fowler notierten in ihrer Studie: „Die Möglichkeit, online sehr große Bevölkerungsgruppen zu erreichen, bedeutet, dass selbst kleine Effekte eine Verhaltensänderung von Millionen von Menschen hervorrufen können."[202]

Übrigens wiederholte Fowler das Experiment bei der US-Präsidentenwahl 2012 mit Kollegen noch einmal – und es kamen wieder vergleichbare Ergebnisse heraus.[203] Diese Untersuchungen sind faszinierend, deuten aber auch auf ein potenzielles Missbrauchspotenzial hin: Theoretisch hätte das soziale Netzwerk die Möglichkeit, zumindest knappe Wahlen zu beeinflussen: Es könnte einfach den Anhängern einer Partei viel intensiver Wahlaufrufe anzeigen als dem Rest des Landes. Ich glaube nicht, dass Facebook Derartiges plant – nur ist es entscheidend, sich der Missbrauchsmöglichkeiten bewusst zu sein.

Die schiere Popularität der großen Plattformen Facebook und Google führt dazu, dass diese Unternehmen einen immensen Einfluss auf unsere Gesellschaft haben. Das wirft natürlich die Frage auf, nach welchen Kriterien denn Google die Suchergebnisse reiht oder Facebook entscheidet, was Nutzern angezeigt wird und was nicht. Wie schon dargelegt, sind hier Algorithmen am Werk – komplexe Software, die basierend auf den Vorgaben von Programmierern Entscheidungen trifft, welche Inhalte Menschen dann eingeblendet bekommen. Solche Algorithmen zur Informationsselektion sind an sich etwas Gutes: Sie helfen, aus tausenden von

16. Welches Netz möglich wäre

Facebook-Posts oder sogar Milliarden potenziellen Suchergebnissen jene Beiträge zu finden, die hoffentlich für uns sinnvoll sind. Im Zeitalter der Digitalisierung ist es unmöglich, auf derartige Algorithmen zu verzichten – sie sind im Grunde unsere Helfer, aber sie können weitreichende Konsequenzen haben.

Im Jahr 2012 durfte ich Eli Pariser interviewen, Aktivist, Mediengründer, Buchautor und Erfinder des Begriffs „Filterblase". Diese Theorie beschreibt die Gefahr, dass wir von Algorithmen hauptsächlich jenen Teil der Realität eingeblendet bekommen, der zu unseren Vorlieben und Weltsicht passt. Pariser meinte damals zu mir: „Es ist definitiv ein Trugschluss, dass wir im Netz alles sehen können. Die großen Webseiten schneidern ihre Inhalte immer mehr auf uns zu. Sie liefern uns Nachrichten und Angebote, von denen sie glauben, dass sie zu uns passen. Es ist ein unsichtbarer Prozess, den wir oft gar nicht mitbekommen. Und am Ende bekommt jeder seine eigene Version der Welt geliefert. Das ist auf lange Sicht schon ein Problem für unsere Entscheidungsfreiheit: Wir können ja nur zwischen jenen Optionen wählen, von denen wir wissen."

Ihm behagt vor allem die Vorstellung nicht, dass Menschen aus unterschiedlichen politischen Lagern auch aufgrund der Filterblase auseinanderdriften könnten: Weil womöglich der Algorithmus von vornherein Inhalte ausfiltert, die nicht den eigenen Interessen entsprechen, fürchtet Pariser, könnte die Technik die Einengung des Sichtfelds verstärken.

Gerade bei sozialen Medien und Suchmaschinen stellt sich die Frage, ob dort Filterblasen-Effekte entstehen, denn ihre Ergebnisse werden auf den Einzelnen personalisiert.

16. Welches Netz möglich wäre

Facebook zum Beispiel schreibt in öffentlichen Stellungnahmen: „Unser Ziel mit News Feed ist, Menschen jene Geschichten anzuzeigen, die für sie am relevantesten sind."[204] Nur was ist für den Einzelnen relevant? Laut Eli Pariser soll Facebook-Gründer Mark Zuckerberg einmal zu Kollegen gesagt haben: „Ein Eichhörnchen, das in deinem Vorgarten stirbt, ist womöglich gerade relevanter für deine Interessen, als Menschen, die in Afrika sterben."[205]

„Relevanz" ist ein komplexer Begriff; unterschiedliche Menschen verstehen offensichtlich unterschiedliche Dinge darunter. Wenn Pariser von „Relevanz" spricht, meint er wahrscheinlich nicht das Eichhörnchen im Vorgarten, sondern viel mehr weltpolitisch relevante Ereignisse.

Bedenken Sie: Facebooks Definition von Relevanz beeinflusst jeden einzelnen Tag, was 1,4 Milliarden Menschen über die Welt erfahren.[206] Doch der einzelne Bürger kann bisher in den Settings nicht aussuchen, ob er möglichst gesellschaftlich bedeutungsvolle Beiträge oder eher seine direkte Umgebung sehen will – oder vielleicht eine gleichwertige Mischung aus beidem. Es wäre durchaus möglich, dass Facebook den Mitgliedern der Seite mehr Auswahl liefert. Zum Beispiel könnte das Unternehmen den Nutzern mehrere Algorithmen anbieten und sie entscheiden dann, welche Form der Nachrichtenselektion ihrer Definition von „Relevanz" am nächsten kommt.

Da die Nutzer aber keine Auswahl haben, ist es umso interessanter, ob beim bestehenden Algorithmus von Facebook unvorteilhafte Effekte wie Filterblasen beobachtbar sind. Was sagt die Wissenschaft dazu? Ganz ehrlich – sie weiß es nicht so genau. Die bisher spärliche Forschung zeichnet kein klares Bild.

16. Welches Netz möglich wäre

Lediglich ein Forscherteam bekam Einblick, den Effekt von Filterblasen auf Facebook zu messen – das waren Mitarbeiter von Facebook selbst. Im Sommer 2014 sahen sich drei Datenwissenschaftler des Unternehmens 10,1 Millionen amerikanische User an, analysiert wurden lediglich Personen, die eine politische Haltung angegeben und sich im Profil als „Liberale" oder „Konservative" bezeichnet hatten. Die Forscher werteten aus, ob der Algorithmus Nutzern Inhalte zurückhielt, die eher nicht zu ihrer politischen Ausrichtung passten. Der Effekt kam vor – allerdings nur im einstelligen Prozentbereich. Bei Konservativen hielt die Software fünf Prozent konträre Nachrichten zurück. Bei Liberalen waren es acht Prozent. Mindestens einer von 20 Inhalten, der womöglich nicht zur Weltsicht des Nutzers passte, wurde von der Technik ausgefiltert.[207]

Die Studie fand überdies Indizien für die Theorie der Echokammer, also dass Nutzer jene Beiträge eher mieden, die ihrem Weltbild nicht entsprachen. Konservative klickten 17 Prozent seltener auf solche Meldungen, bei Liberalen waren es sechs Prozent. Ich würde die Ergebnisse folgendermaßen zusammenfassen: Es gibt eine leichte Verengung des Blickfelds durch Algorithmen, und der Mensch selbst hat auch einen gewissen Tunnelblick.

Die Datenauswertung erntete damals auch Kritik in der Science-Community. Forschung beruht auf dem Konzept der Reproduzierbarkeit. Als wissenschaftlich gesichert gilt eine Information erst, wenn ähnliche Studien zu vergleichbaren Ergebnissen kommen: Doch genau hier ist keine Reproduzierbarkeit möglich. Andere Wissenschaftler erhalten keinen Zugriff auf die Daten von Facebook – sie können dementsprechend nicht selbst nach Filterblasen suchen.[208]

16. Welches Netz möglich wäre

Ab und zu zitieren Medien zwar neue Studien zu der Thematik – aber Vorsicht, in der Regel wird dabei nicht der Algorithmus, sondern menschliches Verhalten ausgewertet. So hieß es 2016 beispielsweise, eine Auswertung des Statistikers Seth Flaxman und seiner Kollegen würde Zweifel an der Filterblasen-Theorie nähren. Nur haben die Wissenschaftler damals lediglich das Browsing-Verhalten von Internetnutzern ausgewertet und ebenfalls ermittelt, worauf User auf Facebook klickten. Die Forscher wissen nicht, welche Beiträge der Algorithmus zuvor schon ausgefiltert hatte. Diese Daten hat nur die Plattform selbst. Wir tappen hier also weiter im Dunkeln.[209]

Das Interessante ist allerdings: Das ließe sich ändern. Wenn wir als Gesellschaft den Entschluss dazu fassen, können wir Licht ins Dunkel der Algorithmen bringen. Ich möchte Ihnen eine Expertin vorstellen, die uns hier weiterhelfen könnte: Die Mathematikerin Cathy O'Neil studierte an renommierten Einrichtungen wie Harvard, sie arbeitete in der Finanzbranche und sah, wie dort auch Algorithmen die Wirtschaftskrise mitbegünstigt hatten. Die mathematische Berechnung der großen Finanzinstitute vermittelte eine Sicherheit, die zutiefst irreführend war – die Zahlen kaschierten, wie aufgeblasen und teils sogar betrügerisch einige Spekulationsgeschäfte waren. O'Neil entwickelte daraufhin die These, dass unkontrollierte Algorithmen auch „Weapons of math destruction" sein können: Mathevernichtungswaffen. Über diesen „Angriff der Algorithmen" hat sie mittlerweile auch ein gleichnamiges Buch geschrieben. Um als „Weapon of math destruction" zu gelten, muss Software drei Kriterien erfüllen: Sie muss viele Menschen betreffen, nach geheimen Regeln funktionieren und destruktiv sein – also

16. Welches Netz möglich wäre

gesellschaftlichen Schaden anrichten können. Ist Facebooks Software eine solche „weapon of math destruction"? „Wahrscheinlich", meint Cathy O'Neil, „es ist schwer zu messen, weil wir keinen Zugang haben."

Cathy O'Neil würde sehr gerne testen, ob die Software von Facebook eine Polarisierung der Gesellschaft technisch begünstigt. Sie hat dem Unternehmen von Mark Zuckerberg auch schon angeboten, solche „Audits" zu machen – so nennen Informatiker die systematischen Untersuchungen von Software. Sie müsste dafür nicht einmal Einblick in den Source Code, den Programmiercode, nehmen. „Ich bräuchte aber Zugriff auf die Plattform", sagt die Expertin, dann könnte sie Experimente machen. Sie würde beispielsweise Datensätze in Facebooks Algorithmus einspeisen und schauen, welche Ergebnisse die Software ausspuckt. Über solche Versuchsanordnungen können Wissenschaftler prüfen, ob Effekte wie Filterblasen eintreten oder andere unbeabsichtigte algorithmische Nebeneffekte. Wie schon in Kapitel vier erwähnt, wäre es interessant, ob und inwieweit Facebooks Software emotionale Inhalte mit Reichweite belohnt – ein denkbarer Effekt, den ich „Algorithmen als Drama-Maschine" bezeichne.

Für Facebook ist es absolut möglich, potenzielle Nebeneffekte seiner Algorithmen zu testen, sagt O'Neil: „Das Problem ist nur: Worauf sie derzeit ihren Algorithmus ausrichten, ist Profit. Ich würde hingegen Algorithmen vorschlagen, die einen Austausch von Ideen ermöglichen." Sie rekurriert darauf, dass man bei börsennotierten Unternehmen davon ausgehen muss, dass sie ihre digitalen Tools auf Unternehmensziele hin ausrichten. Doch wie würden Algorithmen aussehen, wenn sie zum Beispiel nach dem Ideal

16. Welches Netz möglich wäre

einer pluralistischen, demokratischen Debatte programmiert würden?

Ich zum Beispiel hätte gerne einen „überrasch mich"-Knopf: Wenn ein User diesen aktiviert, sieht er jeden Tag mindestens eine Meldung, die er früher nicht gesehen hätte – weil keiner seiner Freunde oder der abonnierten Seiten diese Meldung geteilt hat. Facebook könnte hier gezielt Beiträge anzeigen, die bei anderen Menschengruppen im eigenen Land gerade beliebt sind. Wäre so ein Feature interessant? Würden es Bürger nutzen? Wir wissen das nicht, weil uns so ein Angebot bisher nicht gemacht wurde.

Auch könnte Facebook versuchen, tendenziell jene Inhalte stärker einzublenden, die in unterschiedlichen Segmenten der Gesellschaft gerade positive Signale ernten – und so Beiträge stärker sichtbar machen, die womöglich gesellschaftsverbindend wirken.

Diese Ideen mögen etwas verträumt wirken, aber selbstverständlich kann man bedeutende gesellschaftliche Software auch so programmieren, das Vereinende in einer Gesellschaft in den Vordergrund zu stellen (und nicht das Trennende). Wir sollten nicht nur darüber reden, wie das Internet derzeit ist und was uns daran stört, sondern die konkrete Frage stellen, wie es eines Tages besser aussehen könnte.

Tatsächlich können schon kleine Änderungen auf Webseiten einen Effekt erzielen – selbst wenn diese gar nicht die Software, sondern nur das Design betreffen: Die Kommunikationswissenschaftlerin Natalie Stroud führte mit Kollegen ein interessantes Experiment durch: Sie testeten, wie sich in Foren das Klickverhalten ändert, wenn nicht ein „Like"-Knopf zur Verfügung steht, sondern ein Knopf mit der Aufschrift „Respekt". In zwei Versuchsanordnungen sahen die

16. Welches Netz möglich wäre

Forscher, dass der Austausch eines einzelnen Wortes das Nutzerverhalten änderte: Auf den „Like"-Knopf klicken Menschen vor allem, wenn jemand eine ähnliche Meinung wie sie hat (die ihnen offensichtlich „gefällt"). Der „Respekt"-Knopf hingegen führte dazu, dass Studienteilnehmer auch stärker Andersdenkenden ein positives Signal hinterließen. Das ist schon bemerkenswert, dass ein simples Wort einen Unterschied machen kann, wie Menschen auf Argumente Andersdenkender reagieren.[210]

Wir sollten ernst nehmen, wie die digitalen Tools, die Milliarden von Menschen benutzen, sowohl geformt als auch programmiert sind. Ein erster wichtiger Schritt ist, die (durchaus ungewünschten) Nebeneffekte von Software besser zu verstehen. „Es sollte nicht für alle Algorithmen ein Gesetz geben, aber für jene Algorithmen, die eine gewisse Schwelle der Macht erreicht haben, sollten wir gesetzliche Regelungen haben. Und der Facebook-Algorithmus ist definitiv einer von ihnen", sagt O'Neil. Ich habe sie auch gefragt, ob sie im Auftrag der EU oder einzelner europäischer Staaten solche Audits durchführen würde. Ein entschiedenes Ja war die Antwort.

Natürlich geht es in dieser Debatte längst nicht nur um Facebook: Jedes bedeutende Unternehmen, das Inhalte für eine große Zahl von Nutzern aussucht oder ihnen vorschlägt, ist in dieser Hinsicht interessant. Beim Videoportal YouTube stellt sich etwa die Frage, ob der Algorithmus Nutzern unseriöse oder verschwörungstheorielastige Videos überproportional stark empfiehlt. Wer zum Beispiel Videos über den katholischen Papst oder die CIA sucht, bekommt teilweise ziemlich krude Vorschläge serviert. Und je mehr man auf solche Videos klickt, desto extremer können solche

16. Welches Netz möglich wäre

Empfehlungen werden. Die Sorge ist also, dass sich Menschen immer tiefer in wirre Theorien hineinklicken können – und die Software ihnen das sogar empfiehlt.

Ein früherer Mitarbeiter, Guillaume Chaslot, kritisiert im „Guardian", nach welchen Kriterien Beiträge vorgeschlagen werden: „YouTube ist etwas, das aussieht wie die Realität, aber es verzerrt diese, damit man mehr Zeit online verbringt. Der Empfehlungs-Algorithmus ist nicht auf Inhalte hin ausgerichtet, die wahrheitsgetreu, ausgewogen oder gesund für die Demokratie sind." Bis 2013 arbeitete er bei YouTube, damals sei der Algorithmus darauf getrimmt worden, dass Menschen möglichst viel Zeit auf der Plattform verbringen (auch YouTubes Geschäftsmodell ist das Einblenden von Werbung).[211] Wobei YouTube selbst darauf hinweist, dass mittlerweile Änderungen im Algorithmus durchgeführt worden seien – und nun seriösere Quellen stärker empfohlen werden. Eine Untersuchung des „Wall Street Journal" legt nahe, dass die Situation tatsächlich besser geworden ist.[212] Nur gibt es immer wieder Probleme: Nach dem Amoklauf in Parkland (Florida) waren Verschwörungstheorien wieder extrem sichtbar.

Eine weitere Sorge in einer von Software kuratierten Medienrealität ist „algorithmische Diskriminierung": Computerprogramme behandeln mitunter Bevölkerungsgruppen ungleich. Ein solcher Vorfall wurde bei Google aufgezeigt: Wissenschaftler der Carnegie Mellon University führten 2014 ein Experiment durch: Sie programmierten 500 Computer so, dass sie für Google aussahen wie weibliche oder wie männliche User. Diese Nutzer schienen in allen Faktoren gleich – bis auf das Geschlecht. Speziell analysiert wurden Inserate für

15. Welches Netz möglich wäre

das Berufsleben und ob Google Männern andere Werbung als Frauen anzeigte. Inserate für Berufscoaching für Spitzenverdiener wurden vor allem Männern eingeblendet: 402-mal bekamen Männer, aber nur 60-mal erhielten Frauen dieses Inserat.

Googles-Werbealgorithmus zeigte vielen Frauen die Hinweise auf Coaching für Spitzenjobs nicht einmal an. Ein klassischer Fall von algorithmischer Ungleichbehandlung. „Das ist eine Form von Diskriminierung. Denn diese Werbeeinblendungen eröffnen einen Pfad hin zu einem besseren Job – und Männer bekommen das öfter angeboten", sagte Anupam Datta, einer der Forscher, zu mir.[213] Die Wissenschaftler wissen nicht, was zu dieser Verzerrung führte: Sie haben ihr Experiment ohne die Freigabe von Google durchgeführt. Womöglich liegt die unterschiedliche Behandlung daran, dass man auf Google gezielt Männer oder Frauen mit Werbung adressieren kann – das betroffene Coachingunternehmen behauptete zumindest, sie hätten das nicht von Google verlangt. Eine zweite mögliche Erklärung ist noch wesentlich spannender: Womöglich hat Googles Software registriert, dass Frauen tatsächlich seltener auf Werbung für Spitzenjob-Fortbildung klicken – und nach einiger Zeit bekamen Frauen kaum noch solche Inserate eingeblendet.

Eine Gefahr von selbstlernenden Algorithmen ist, dass sie gesellschaftliche Ungleichheit in ihren Code aufnehmen. Denn Software „lernt" anhand riesiger Datensätze – und in statistischen Daten spiegeln sich tatsächlich Ungleichheiten wider, Frauen verdienen im Schnitt schlechter, sind seltener in Top-Positionen vertreten. Wenn Algorithmen daraus ableiten, dass manche Inserate Frauen gar nicht erst angezeigt werden müssen, weil die Klickrate so niedrig ist, zementiert

16. Welches Netz möglich wäre

sie quasi die Ungleichheit des Status quo ein. Ein Coaching-Angebot oder eine Job-Ausschreibung, die Frauen gar nicht mehr sehen, können sie naturgemäß auch nicht nutzen.

Ich bin der Überzeugung, wir brauchen gerade für die wichtigsten Algorithmen in unserer Gesellschaft eine unabhängige Aufsicht: Es muss die Möglichkeit geben, dass Wissenschaftler bedeutende Algorithmen auf gewisse Gütekriterien und ungewünschte Nebeneffekte hin überprüfen. Diese fachkundigen Prüfer müssten keinen Einblick in das intellektuelle Eigentum – den Source Code – nehmen, aber sie könnten mit Experimenten analysieren, ob algorithmische Diskriminierung oder andere mögliche Schattenseiten auftreten.

Warum sollten Algorithmen im Gegensatz zu vielen anderen Produkten keiner Qualitätskontrolle unterliegen? Nochmals zurück zum Auto: Bevor Autos auf den Markt kommen, werden ihre Abgaswerte getestet; ihre Sicherheit bei Unfällen überprüft und diese Ergebnisse transparent gemacht (wobei die Volkswagen-Affäre zeigt, dass auch dieses System teilweise betrogen werden kann). Man stelle sich einen Markt vor, auf dem Hersteller wie Volkswagen sich nicht einmal überprüfen lassen müssten – sondern wir einfach auf die Daten und Zahlen angewiesen sind, die die Unternehmen freiwillig veröffentlichen. Unvorstellbar, oder? Doch diese Situation haben wir derzeit bei wichtigen Algorithmen.

Es gibt leider den Mythos, dass in Europa die Rechtslage schon recht gut sei: 2016 berichteten internationale Medien wie die Computerzeitschrift „Wired", dass die EU nun ein „Recht auf Erläuterung" von Algorithmen einführen würde.[214] Damals wurde die neue

16. Welches Netz möglich wäre

Datenschutz-Grundverordnung beschlossen, die im Mai 2018 in Kraft treten wird. Nur ist es falsch, dass Betroffene dann ein umfassendes „Recht auf Erläuterung" erhalten werden, bei dem große Unternehmen Betroffenen wichtige Entscheidungen ihrer Algorithmen verständlich machen müssen.

Wie auch eine britische Studie aufzeigte, ist das sogenannte „Recht auf Erläuterung" laut der neuen Grundverordnung tendenziell eher keine gesetzliche Verpflichtung.[215] Das „Recht auf Erläuterung" wird zwar einmal im Text erwähnt, aber mehr als Interpretationshilfe für Gerichte denn als fix geltendes neues Recht.

Dabei bräuchte es solche zunehmenden Bürgerrechte: Zunehmend werden Entscheidungen im Finanz- und Berufsleben von Algorithmen gefällt. Ob man einen Kredit bekommt, wie hoch die Versicherungsrate ist, ob man zu einem Bewerbungsgespräch eingeladen wird, das berechnet oft Software basierend auf persönlichen Daten. Ein „Recht auf Erklärung" könnte einzelnen Betroffenen helfen, für ihren konkreten Fall eine dezidierte Auskunft zu bekommen, warum der Algorithmus zu einem gewissen „Urteil" kam. Doch selbst in der vagen Form, wie dieses Recht in der Grundverordnung enthalten ist, beinhaltet es immense Lücken. Beispielsweise betrifft die derzeitige Regelung nur signifikante automatisierte Entscheidungen, bei denen kein Mensch mehr hinzugezogen wurde: Erhält ein Bürger keinen Kredit, weil der Bankbetreuer die schlechte algorithmische Bewertung angeschaut hat und daraufhin den Antrag ablehnte, dann hat dieser Bürger kein Recht darauf, dass ihm die algorithmische Entscheidung erklärt wird. Denn in diesem Fall war ja ein Mensch zwischengeschaltet.

16. Welches Netz möglich wäre

Den Mitgliedsstaaten stünde es frei, im nationalen Recht strengere Regeln einzuführen oder Druck auf die EU zu machen, noch nachzubessern. Das wahrscheinlichste Szenario ist allerdings, dass gerade die vage Formulierung der Grundverordnung zu einem langen Rechtsstreit führt – und in mehreren Jahren dann der Europäische Gerichtshof (EuGH) das letztgültige Urteil fällt, inwieweit es ein Recht auf Erklärung in Europa gibt. Es wäre nicht das erste Mal, dass das Höchstgericht jene Streitfragen beantwortet, die unpräzise Gesetzestexte offengelassen haben.

Algorithmische Auskunftsrechte für Bürger gehören ausgebaut. Doch es gibt hierbei eine große Hürde: Algorithmen sind abstrakt. Anders als beispielsweise Autos sind sie schwer fassbar – selbst wenn sie für uns Information aussuchen oder gar mitentscheiden, ob wir einen Kredit bekommen oder nicht. Die große Herausforderung der nächsten Jahre wird sein, aufzuzeigen, dass auch diese schwer greifbaren Algorithmen reale Konsequenzen für uns alle haben – dass man quasi auch unter die Räder einer unsichtbaren Maschine geraten kann, wenn dieser Maschine nicht genügend Sicherheitsmechanismen eingebaut wurden und es keine klaren Regeln für ihre Lenker gibt.

– 17 –

WAS JEDER ZUR AUFKLÄRUNG BEITRAGEN KANN

Als Internetnutzer fühlt man sich womöglich ohnmächtig. Was soll man als Einzelner schon gegen die Flut an Desinformation und unfaire Unterstellungen ausrichten? Können wir Bürger da überhaupt etwas tun? Ja. Jeder kann etwas dazu beitragen, dass die Situation eine Spur besser wird und es Fälscher damit insgesamt etwas schwerer haben. Der erste Schritt ist, selbst ein möglichst gutes Radar für dubiose Behauptungen zu entwickeln – um nicht auf Täuschungen hereinzufallen und um andere im Freundeskreis rasch zu warnen. Zweitens können wir geschickter werden im Kontern mit Aufklärung und mit der Betonung dessen, was richtig ist und was falsch. Drittens hilft es, die Mechanismen von Plattformen wie Facebook oder Google zu durchschauen und dieses Wissen so einzusetzen, dass gezielte Provokationen besser eingedämmt werden.

Zuerst zur Selbstverteidigung gegen Unseriöses: Wenn man versteht, wieso Falschmeldungen florieren, kann man Gegenstrategien entwickeln. Ich habe im Folgenden drei Tipps zusammengefasst, um schneller zu erkennen, wenn man womöglich gerade manipuliert wird.

Misstrauen Sie Fotos: Fälscher arbeiten häufig mit Bildern, weil diese authentisch anmuten. Wie in Kapitel 13 erklärt, werden Fotos einerseits retuschiert, andererseits werden auch alte Aufnahmen verwendet und in einen neuen verzerrten Kontext gestellt: Seit Jahren kursiert zum Beispiel zu Weihnachten ein Video auf sozialen Medien, bei dem

17. Was jeder zur Aufklärung beitragen kann

dunkelhäutige Kinder auf einem Weihnachtsbaum herumklettern. Dazu wird behauptet, das Video zeige ein Hamburger Einkaufszentrum, und junge Muslime hätten keinen Respekt für das Christentum. Doch diese Aufnahme wurde aus dem Kontext gerissen: Sie ist schon relativ alt und zeigt nicht Hamburg. Das Video wurde in einem Shopping-Zentrum in Kairo aufgezeichnet, wo Kinder tatsächlich einmal auf den Christbaum kletterten – ein eher harmloser Vorfall. Die Security-Bediensteten holten die Kids wieder vom Baum herunter, weil man natürlich auch in Kairo nicht einfach auf die Deko des Shoppingcenters klettern darf. Dieses Video wird jedes Jahr zu Weihnachten erneut hochgeladen und als Beleg umgedeutet, wie sehr das Christentum angeblich in Gefahr sei. Gerade bei solchen – auf den ersten Blick – wütend machenden Aufnahmen sollte man vorsichtig sein.

Simpler Trick: Die Authentizität von Bildern kann man häufig überprüfen – Bildersuchmaschinen zeigen einem an, ob eine Aufnahme schon früher im Web hochgeladen wurde. Unter der Adresse images.google.com lässt sich jedes Foto hochladen und darauf überprüfen, ob es bereits im Web zu finden ist. Wurde eine Aufnahme schon vor fünf Jahren geteilt, dann kann sie nicht der Fotobeleg für einen Vorfall gestern sein – hier wurde altes Videomaterial entwendet. Auch manipulierte Bilder lassen sich mitunter entlarven: Vergleicht man das Originalbild mit der neuen Version, sieht man die Unterschiede, also welche Details retuschiert wurden. Wird man bei Google nicht fündig, empfiehlt sich auch die Bilder-Suchmaschine TinEye (tineye.com), die manchmal andere Treffer liefert. Suchmaschinen können natürlich nicht jede Bild-Manipulation aufklären, aber sie sind doch ein hilfreiches Tool. Denn Fälscher sind oft

17. Was jeder zur Aufklärung beitragen kann

überraschend faul und nehmen einfach das erstbeste Bild aus dem Netz.

Misstrauen Sie der Optik: Unseriöse Seiten schauen oft überraschend „normal" aus. Es ist extrem günstig geworden, eine seriös wirkende Webseite zu starten (unabhängig von der Frage, ob die Inhalte dort seriös sind). Für 100 Euro im Jahr kann man den nötigen Webspace, eine vertrauenswürdig klingende Internetadresse und ein schickes Design für die eigene Seite kaufen. Auf den ersten Blick schaut so ein Webauftritt dann sogar ähnlich wie ein professioneller Nachrichtenanbieter aus – und davon lassen sich Nutzer immer wieder täuschen. Wenn man eine Webseite nicht kennt, sollte man sich also fragen: Moment, wer betreibt denn diese Seite?

Simpler Trick: Innerhalb der EU muss jede Seite ein Impressum haben – und dort den Namen der Betreiber und eine Adresse angeben. Bietet eine deutschsprachige Webseite kein richtiges Impressum, ist dies ein absolutes Warnsignal. Auch lohnt es sich, ins Impressum oder den Punkt „Über uns" zu schauen, weil einige Seiten dort erklären, dass alles nur „Satire" oder ein „Witz" sei. Wird man aus dem Impressum nicht schlau oder fehlt dieses, empfiehlt sich auch folgendes: Googeln Sie den Namen der Ihnen unbekannten Seite. Hat ein Onlineportal bereits einen Ruf als Desinformationsschleuder, dann werden Sie in der Google-Suche oft auch warnende Artikel oder Faktenchecks finden. Ich empfehle generell: Teilen Sie keine Inhalte von Seiten, die Sie nicht kennen und deren Vertrauenswürdigkeit Sie nicht einschätzen können. Hinter einer seriös wirkenden Optik kann viel Unsinn stecken.

17. Was jeder zur Aufklärung beitragen kann

Misstrauen Sie Ihrer Emotion: Falschmeldungen funktionieren über Gefühle: Viele irreführende Behauptungen lösen gezielt Wut aus oder bestätigen die eigenen Feindbilder, sodass Menschen den Impuls spüren, prompt die Meldung mit ihren Bekannten zu teilen – weil man sich furchtbar ärgert oder weil man sich so bestätigt fühlt. Wie in Kapitel vier dargelegt, ist gerade Wut eine aktivierende Emotion. Angry people click more, lautet eine Weisheit. Wütende klicken mehr. Im Affekt vergisst man auf die zentrale Frage: Stimmt die Behauptung wirklich?

Simpler Trick: Achten Sie auf Ihre Emotion. Wenn eine Meldung Sie total in Wut versetzt oder Ihnen aus der Seele spricht, sollten Sie prompt vorsichtig werden und schauen, ob diese Behauptung von einer seriösen Seite kommt. Denn gerade Fälscher formulieren Nachrichten so, dass sie uns emotional bestätigen – ein starker emotionaler Impuls ist ein Warnsignal. Nicht alles, was brisant anmutet, ist falsch. Aber die Realität ist oft deutlich langweiliger als eine Falschmeldung.

Natürlich will nicht jeder Internetnutzer selbst zum Detektiv werden und skandalös klingenden Aussagen hinterherrecherchieren – die gute Nachricht ist: muss man auch nicht. Besonders weit verbreitete Gerüchte wurden oft schon von Faktencheckern überprüft – im deutschsprachigen Raum liefern Seiten wie Mimikama.at, faktenfinder.tagesschau.de oder Correctiv.org Aufklärung. Googeln Sie einfach eine falsche Behauptung und schreiben Sie dazu das Wort „Faktencheck" oder „Fake", also zum Beispiel „weihnachtsbaum hamburg muslime faktencheck". Sie werden dann oft als ersten Treffer die Ergebnisse eines Faktenchecks angezeigt bekommen. Unter hoaxsearch.com bietet das Aufklärungsportal Mimikama auch

17. Was jeder zur Aufklärung beitragen kann

eine Suchmaske für alle getätigten Faktenchecks. Man muss nicht alles selbst recherchieren – oft hilft es bereits, zu wissen, wo man nachschauen kann.

Selbst keine Falschmeldungen zu verbreiten, ist ein guter erster Schritt. Will man aber zur Aufklärung beitragen, stellt sich die Frage: Wie überzeuge ich Menschen davon, dass eine Behauptung gar nicht stimmt? Oft zeigt sich, dass Menschen nicht so rationale Wesen sind, wie wir uns das gern einreden. In den USA zum Beispiel hält sich bis heute das absurde Gerücht, der frühere US-Präsident Barack Obama sei Moslem. Obwohl im Laufe der Jahre extrem viele Medien aufzeigten, dass Obama Christ ist, hat das die Situation nicht verbessert. Im Gegenteil: Obwohl die richtige Information viele Male wiederholt wurde, verfestigte sich die Falschmeldung. Im Jahr 2009 befragte das renommierte Meinungsforschungsinstitut Pew Research Center Amerikaner, welche Religion ihr Präsident habe. 2009 sagten elf Prozent, Obama sei muslimisch. Und 2010, ein Jahr später, meinten 18 Prozent, der Staatschef sei Moslem. Unter den republikanischen Wählern war diese Zahl sogar noch größer: 2009 nannten 17 Prozent der Republikaner Obama einen Muslim, 2017 waren es 31 Prozent – also jeder Dritte.[216] Auf die Frage, warum Faktenchecks manchmal nicht wirken, gehe ich im nächsten Kapitel ein. Aber so viel vorweg: Nur weil richtige Information erhältlich ist, heißt dies nicht, dass Menschen daran glauben. Gerade bei gesellschaftlich polarisierenden politischen Themen ist es ungemein schwerer, Andersdenkende argumentativ zu erreichen.

Das Kernproblem beim Diskutieren im Netz ist, dass dieses häufig in einer feindlichen Atmosphäre stattfindet:

17. Was jeder zur Aufklärung beitragen kann

Treffen Andersdenkende auf Facebook oder in Zeitungsforen aufeinander, dann oft um sich gegenseitig auszurichten, wie falsch der andere die Welt sieht. Doch wenn politische Debatten eher einem Schlagabtausch als einem respektvollen Gespräch entsprechen, wird logischerweise wenig Aufgeschlossenheit für die andere Sichtweise und deren Argumente existieren. Meine Empfehlung: Diskutieren Sie lieber in jenen Gruppen oder auf jenen Seiten, wo es zwar unterschiedliche Meinungen, aber auch Grundregeln im Austausch gibt – etwa, dass Beleidigungen nicht stehen bleiben dürfen. Wenig überraschend polarisiert das Posten von Beleidigungen und trägt dazu bei, dass sich die Kluft zwischen Andersdenkenden vergrößert. Dieses Phänomen wird übrigens der „Nasty Effect" genannt, der „fiese Effekt".[217] Doch es gibt Szenarien, in denen Fakten eine größere Chance haben. Hier ein paar Tipps:

Liefern Sie Bilder: In Bildern vermittelte Information wirkt stark. Gerade irreführende Inhalte funktionieren häufig, indem ein Bild die Echtheit vortäuscht. Allerdings kann man hieraus einiges lernen: Auch Richtigstellung wirkt stärker, wenn sie als Infografik serviert wird. Dies haben die Forscher Brendan Nyhan und Jason Reifler, wie schon in Kapitel 13 erklärt, in Experimenten aufgezeigt.[218] Amerikanische Bürger nahmen unliebsame Fakten dann eher an, wenn sie bildlich dargestellt wurden.

Wenn Sie also jemandem von einer Information überzeugen wollen und es hierzu vielleicht sogar eine Statistik gibt, zeigen Sie diese als Bild her. Ein Beispiel: Online kursiert diese These vom „Bevölkerungsaustausch", wonach Bürger ohne Migrationshintergrund von Migranten und speziell Muslimen ersetzt würden. Interessant ist hierbei allerdings

17. Was jeder zur Aufklärung beitragen kann

auch, wie sehr Europäer den Anteil von Bürgern mit islamischen Glauben überschätzen. Das Marktforschungsinstitut Ipsos Mori hat Ende 2016 eine interessante Übersicht veröffentlicht – um wie viel Prozentpunkte Bürger den Anteil der muslimischen Bevölkerung falsch einschätzen. Es stellt sich heraus, dass de facto in Deutschland nur fünf Prozent der Bürger islamischen Glauben haben. Im Schnitt glauben Deutsche aber, dass 21 Prozent Muslime sind. Diese Fehleinschätzung betrifft etliche Länder. In einer Infografik sieht dies folgendermaßen aus:[219]

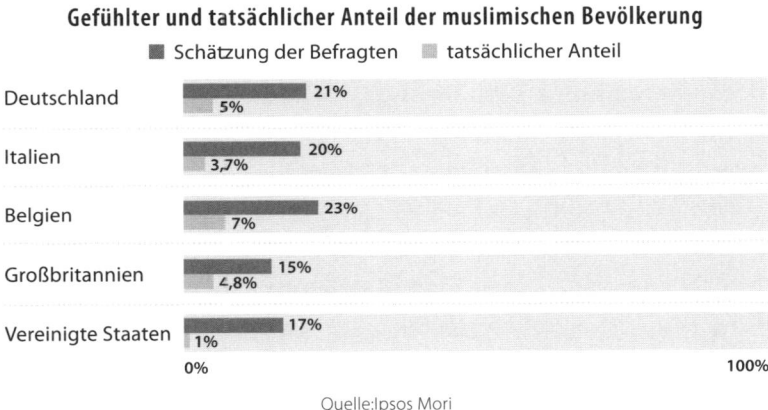

Es ist viel effizienter, wenn ich Ihnen die Infografik zeige, als wenn ich lang und breit über Prozentpunkte schreibe. Tatsächlich sagt ein Bild oft wirklich mehr als tausend Worte aus – genau deswegen ist es sinnvoll, auch bei Richtigstellungen grafisches Material einzusetzen.

Liefern Sie Erklärungen: Die Korrektur einer Falschmeldung ist effizienter, wenn Menschen die Hintergründe verstehen.

17. Was jeder zur Aufklärung beitragen kann

Bürger merken sich eine Information eher, wenn sie ihnen schlüssig erscheint.[220] Nehmen wir die Behauptung, die deutsche Bundesregierung würde mit Nachtflügen Flüchtlinge ins Land „schleusen". Es ist wenig effizient, einfach zu sagen, „nein, diese Behauptung ist falsch". Stärker wirkt es, wenn man tatsächlich erklärt, was vorgefallen ist. Zum Beispiel kann man den Sachverhalt folgendermaßen erklären: „Es stimmt, dass im Sommer sogenannte Nachtflüge aus der Türkei kommen – nur hat das speziell mit Urlaubenden zu tun. Menschen wollen möglichst lang am Ferienort sein und nehmen deswegen Flüge, bei denen sie in der Nacht fliegen und viel Zeit im Urlaubsland verbringen können." Indem ich Ihnen diese Erklärung liefere, erhöhe ich die Chance, dass Sie die Information in Erinnerung behalten: Wir Menschen sind keine Computer, die Daten stur abspeichern, wir merken uns eine Information eher, wenn sie für uns nachvollziehbar ist.

Zitieren Sie Quellen, der die konkrete Person vertraut: Ein Problem in polarisierten Debatten ist, dass ein Teil der Bürger selbst seriöse Quellen nicht akzeptieren will – dann heißt es schlimmstenfalls, der „Spiegel" sei die „Lügenpresse", und der öffentlich-rechtliche Rundfunk sei „gleichgeschaltet". Wenn Bürger so krasse Ansichten vertreten, gibt es einen argumentativen Umweg: Womöglich findet sich eine Quelle, die die richtige Information verbreitet hat, die aber trotzdem Ansehen bei dieser Person genießt. Zum Beispiel kann es sogar sein, dass Prominente eine aufklärende Rolle spielen, wenn sie reale Probleme ansprechen und gleichzeitig hohes Vertrauen genießen. Auch ist es effizienter, bei Menschen eher jene Personen oder Medien zu zitieren, die in ihrem Umfeld Anerkennung genießen. Noch mal zum Beispiel der

17. Was jeder zur Aufklärung beitragen kann

Nachtflüge: Auch das rechte Medium „Junge Freiheit" hat dieses Gerücht von den Nachtflügen nachrecherchiert – und kam zum Schluss: „Es ist nichts dran an dieser Story."[221] Ein rechter Bürger, der ohnehin die „Junge Freiheit" abonniert, wird dieser Quelle eher glauben als jenen Blättern, denen er Gutmenschentum unterstellt.[222]

„Es gibt einige Faktoren, die helfen, Richtigstellungen effizienter zu machen. Wenn Menschen der Quelle vertrauen, wirkt eine Korrektur stärker. Wenn man Menschen hingegen ins Gesicht schreit und sagt, wie dumm ihre Weltsicht ist, dann wird auch der eigenen Richtigstellung wenig geglaubt werden", erklärt der Psychologe Ullrich Ecker von der University of Western Australia, der zur Wirkung von Korrekturen forscht. Es gibt kein Wundermittel, das bewirkt, dass richtige Information von allen Menschen geglaubt wird. Selbst die eloquenteste Richtigstellung wird nicht jeden beeindrucken: Aber zumindest kann man darauf achten, möglichst effizient und verständlich die Richtigstellung vorzubringen – und somit den Fakten eine etwas größere Chance zu geben.

Neben dem rechtzeitigen Erkennen einer irreführenden Behauptung und dem effizienten Kontern dieser gibt es noch eine dritte Ebene, die jeder Internetnutzer bedenken kann: die Technik. Provokante Politiker profitieren davon, dass sie besonders stark emotionalisierend agieren. Wut zu schüren, bringt Aufmerksamkeit. Nachdem drei Bomben neben dem Mannschaftsbus des Fußballvereins Borussia Dortmund (BVB) explodierten, postete die AfD auf sozialen Medien und machte „Islamisten verantwortlich". Es stellte sich heraus, das war falsch: Anscheinend wollte sich ein junger Mann an der Börse bereichern, indem ein Anschlag auf den Fußballverein

17. Was jeder zur Aufklärung beitragen kann

dessen Aktienwert verringern sollte.[223] Mit verfrühten Verdächtigungen wurde seitens der rechten Partei Stimmung gemacht – ihr Beitrag dazu war auf Facebook einer der erfolgreichsten Postings der AfD im April 2017, zeigt das Analysetool fanpagekarma.com.

Oft posten engagierte Bürger unter irreführenden Beiträgen von provokativen Politikern und Parteien, weil sie hoffen, dort bei Wählern dieses Lagers Gehör zu finden. Ein nobles Anliegen – nur gibt es da zwei Probleme. Erstens sind politische Parteien womöglich nicht immer an einem sachlichen Austausch interessiert. Bei der AfD ist zum Beispiel dokumentiert, dass diese auch Postings löscht, die auf Richtigstellungen verweisen.[224] Wer auf den Facebook-Seiten von Parteien mitdiskutiert, kann dort natürlich jederzeit von den Administratoren gelöscht und blockiert werden. Zweitens kommt die Technik ins Spiel: Jeder einzelne Kommentar, der unter einem Beitrag eines provokanten Politikers gepostet wird, hilft genau diesem Politiker. Denn der Facebook-Algorithmus wertet alle Rückmeldungen als Signal, dass ein Eintrag relevant ist und noch mehr Menschen im Feed angezeigt werden sollte. Auch starker Widerspruch kann dazu führen, dass Postings eine große Sichtbarkeit erzielen.

Was kann man machen? Ich finde es gut, einen sachlichen und auch respektvollen Austausch mit Andersdenkenden zu suchen – nur sind womöglich Fanpages von Parteien nicht der allerbeste Ort dafür. Stattdessen kann man auf den Fanseiten großer etablierter Medien mitdiskutieren, wo auch Anhänger dieses Lagers mitlesen. Auf solchen Seiten wird von der Redaktion moderiert – man kann also darauf hoffen, dass zumindest schlimmste Beschimpfungen gelöscht werden. Und man muss bei etablierten Medien

17. Was jeder zur Aufklärung beitragen kann

nicht fürchten, dass für die Partei unliebsame Fakten plötzlich verschwinden. Dasselbe gilt für Österreich: Es ist gut, wenn Bürger mit Andersdenkenden diskutieren wollen. Nur ist auch die FPÖ mittlerweile bekannt dafür, Widerspruch mitunter zu löschen.

Sie können noch eine weitere Aktion anwenden: Will man beispielsweise eine falsche Aussage eines Politikers thematisieren, muss man nicht dessen Beitrag teilen, was gut für die Facebook-Statistik des jeweiligen Politikers wäre. Machen Sie lieber einen Screenshot der Aussage, posten Sie das Foto auf ihrem Profil und erklären Sie Ihrem Bekanntenkreis, weshalb das inhaltlich falsch ist – damit fördern sie nicht die Reichweite jenes Politikers, dem sie eigentlich widersprechen wollen.

Je mehr man als Bürgerin und Bürger auch die Mechanismen der großen Plattformen versteht, desto mehr kann man darauf achten, mit dem eigenen Klick-, Link-, und Like-Verhalten nicht ausgerechnet den unseriösen Akteuren zu helfen. Und wenn Sie im Gegenzug sehen, dass gerade ein wichtiger Faktencheck zu einer ärgerlichen Falschmeldung erscheint: Liken Sie das doch, kommentieren Sie es oder verlinken Sie die Info. Natürlich können wir alle einen Beitrag dazu leisten, dass seriöse und richtige Information sichtbarer wird – und die Fälscher und Provokateure es eine Spur schwerer haben.

– 18 –

FESTHALTEN AN FAKTEN

Ganz zu Beginn dieses Buchs begegneten wir einer 55-jährigen Bayerin, die einer irreführenden Meldung vertraut und daraufhin einen wütenden Kommentar auf Facebook verfasst hatte. Das Gespräch mit ihr war interessant – auch weil die Frau offen über die Ungewissheiten, die ihr beim Herumscrollen begegnen, sprach. Sie meinte, dass man die Authentizität bei Artikeln oft nicht einschätzen könne. Konkret sagte sie: „Ob das stimmt oder nicht? Im Nachhinein erfährst du es, oder du erfährst es nicht. Aber dann dürfte ich gar nichts mehr kommentieren, weil man ja mittlerweile heutzutage gar nicht mehr weiß: Stimmt das oder stimmt das nicht?"

Sie ist mit dem Gefühl wohl nicht alleine. Tatsächlich sind viele Bürger verunsichert. 59 Prozent der Menschen weltweit sagen: Es wird zunehmend schwerer, festzustellen, ob eine Nachricht von einem renommierten Medium erstellt worden ist. Auch in Deutschland sehen das 55 Prozent der Befragten so, ergab der Edelman Trust Barometer im Jahr 2018.[225] Die Sorge ist nachvollziehbar, wie ich darlegte: Es ist einfach und billig geworden, Irreführung in die Welt zu setzen. Einzelne Falschmeldungen erzielen eine ungeheure Reichweite – auch im deutschsprachigen Raum. Die Formen der Fehlinformation sind mannigfaltig. Von Titelzeilen, die im Grunde dem Inhalt des Textes widersprechen, bis hin zu gefälschten Bildern gibt es viele unterschiedliche Methoden, einen verzerrten Eindruck herzustellen. Und wir sehen, dass in einzelnen Wahlkämpfen – speziell jenem in den USA im Jahr 2016 – auf diversen Ebenen Manipulation betrieben wird, sogar von ausländischen Akteuren. Und auch simplere

18. Festhalten an Fakten

Formen des Schummelns finden wir: Das Kaufen gefälschter Likes ist offensichtlich spottgünstig, für acht Dollar kriegen Sie beispielsweise 2000 Likes. All das sind keine guten Nachrichten, wenn uns an einem fairen demokratischen Austausch gelegen ist.

Und trotzdem ist mein wichtigster Tipp, den ich Ihnen zum Abschluss dieses Buchs mitgebe: Lassen Sie sich nicht verunsichern. Halten Sie daran fest, dass es so etwas wie Fakten schon noch gibt – und dass man in vielen Fällen durchschauen kann, ob etwas stimmt oder nicht. Einige Tipps für ein besseres Radar gegen Falschmeldungen habe ich im vorigen Kapitel geliefert.

Eine allzu große Verunsicherung ist deswegen riskant, weil sie dazu führen kann, dass auch nachweisbar richtige Behauptungen angezweifelt werden. Manch eine Argumentation stellt genau betrachtet den Wert von Fakten infrage. Im Internet begegnen uns solche Behauptungen häufig. Mir erklärten schon Nutzer, „auch Fakten können verschieden interpretiert werden – der Leser entscheidet." Oder: „Wer kann Fakten schon prüfen." Bei solchen Aussagen läuft es mir kalt den Rücken herunter. Natürlich können wir viele Sachfragen sehr wohl klären. Das gilt sowohl für die Frage, ob Angela Merkel wirklich gesagt hat, dass sie auf 12 Millionen Einwohner „hofft"; als auch für die Behauptung, dass im Januar 2016 ein Flüchtling gestorben sei, nachdem er zu lange beim Landesamt für Gesundheit und Soziales (Lageso) anstehen musste. Beides ist falsch. Und beides lässt sich überprüfen.

Wir erleben Umdeutungsversuche von nichts Geringerem als der Realität: Nehmen Sie nur den berühmten Satz der Trump-Beraterin Kellyanne Conway, die im Fernsehen auf

18. Festhalten an Fakten

eine unwahre Behauptung des Weißen Hauses angesprochen wurde. Daraufhin erklärte sie, man hätte nur „alternative Fakten" mitgeteilt.[226] Natürlich gibt es so etwas wie „alternative Fakten" nicht: Entweder etwas ist belegbar und ein Fakt, oder eine unbelegte Behauptung, oder gar eine Lüge. Lassen Sie sich nicht verwirren – behalten Sie in Erinnerung, es gibt sehr wohl Fakten. Und das Wesensmerkmal von Fakten ist, dass wir sie verifizieren können. Noch viel simpler bringt es der berühmte Satz auf den Punkt: „Jeder hat das Recht auf eigene Meinung, aber nicht auf eigene Fakten."

Das führt mich zu einer positiven Entwicklung: Weltweit nimmt die Zahl der Faktenchecks zu. Wie der Kommunikationswissenschaftler Lucas Graves in seinem Buch „Deciding What's True: The Rise of Political Fact-Checking in American Journalism" beschreibt, waren die vergangenen Jahrzehnte von einem Zuwachs politischer Faktenchecks online geprägt. Schon 1994 legte die erste amerikanische Faktencheckerseite „Snopes" los – betrieben von einem (damaligen) Ehepaar, die gar keine Journalisten waren, sondern einfach hobbymäßig Fälschungen aufklärten.[227] Im Laufe der Jahre kamen immer mehr Portale hinzu, 2007 startete zum Beispiel die Webseite „Politifact", betrieben von der Zeitung „Tampa Bay Times".[228] Dieser Internetauftritt überprüft laufend Politikerstatements und bietet für die wichtigsten US-Funktionäre sogar eine Übersicht, wie oft diese der Unwahrheit überführt worden sind (wie schon erwähnt, schneidet Donald Trump nicht gut ab).

Im deutschsprachigen Raum bieten Medien in ihrer Berichterstattung oftmals Faktenchecks an, teils eingebettet in ihre Berichterstattung, teils als zusätzliches Angebot. Die

18. Festhalten an Fakten

ARD betreibt zum Beispiel die Anti-Fake-News-Seite „Faktenfinder" unter faktenfinder.tagesschau.de. Die Rechercheplattform „Correctiv" hat die Seite „echt jetzt" (correctiv.org/echtjetzt) gestartet und kooperiert hier auch mit Facebook. Wobei das wohl umfassendste Archiv zu Falschmeldungen im deutschsprachigen Raum auf der Webseite mimikama.at zu finden ist: Die hierzulande am längsten dienende Faktencheckseite wurde 2011 vom Österreicher Tom Wannenmacher gegründet und später vom Deutschen Andre Wolf ergänzt; zwei Bürger, die früher im Grafikdesign und der Kommunikationsbranche gearbeitet hatten und dann anfingen, vor dem Betrug im Netz zu warnen. „Anfangs behandelten wir auch gar keine politischen Falschmeldungen – weil die noch nicht in Mode waren. Erst als so viel politisch motivierter Betrug online stattfand und wir immer mehr Anfragen von Bürgern dazu bekamen, gingen wir auch darauf ein. Hier hat sich die Debatte im Netz einfach verhärtet", sagt Andre Wolf. Die Facebook-Seite von „Mimikama" heißt „Zuerst denken – dann klicken" und hat mehr als 690.000 Fans gesammelt. Hier lässt sich auch das Bedürfnis vieler Bürger erkennen, nicht getäuscht zu werden und sehr wohl zu unterscheiden, was stimmt und was nicht. Hinzu kommen Seiten im Internet, die Berichte etablierter Medien nachrecherchieren, etwa Auftritte wie kobuk.at oder bildblog.de, die Recherchefehler aufzeigen, oder uebermedien.de, das eine nuancierte Medienkritik übt. Es ist gut, wenn auch uns Journalisten zunehmend auf die Finger geschaut wird.

In den kommenden Jahren werden wir eine Zunahme sowie eine Professionalisierung von Faktenchecks erleben. Schon jetzt gibt es Bestrebungen aus der Factchecking-Community, zunehmend Qualitätskriterien zu etablieren:

18. Festhalten an Fakten

Der Italiener Alexios Mantzarlis war einer der Gründer der italienischen Rechercheseite „Pagella Politica" und leitet mittlerweile das internationale Factchecking-Netzwerk der Journalismus-Einrichtung Poynter in Florida. Sie haben einen „Code of Principles" entwickelt, einen Ethikcode für Faktenchecker, der Transparenz in der Recherche, Transparenz bei den Geldgebern und das Offenlegen eigener Fehler vorschreibt.[229] Einmal im Jahr veranstaltet er die „Global Fact"-Konferenz, bei der Faktenchecker aus der ganzen Welt Best-Practices austauschen und voneinander lernen können. „Bei der ersten Konferenz 2014 in London hatten wir gut 40 Teilnehmer. 2017 in Madrid waren es dann 188 Menschen", berichtet er über den Zuwachs. Und für den Termin 2018 in Rom hat er schon mehr als 600 Bewerbungen für 200 Plätze erhalten.

Die Zunahme an Faktencheck-Webseiten ist ein schönes Beispiel, wie gerade auch im Internet selbstreinigende Kräfte sichtbar werden – Nutzer, denen nicht behagt, wie viel Unsinn kursiert, und die dagegen etwas unternehmen. Das Netz besitzt also auch das Potenzial, ein Tool der Aufklärung zu sein.

Eine berechtigte Frage ist allerdings: Welche Wirkung haben Faktenchecks? Sie haben konkret zwei große Schwächen. Korrekturen erobern keine Herzen. Und Korrekturen erreichen nicht alle Bürger, die diese Korrektur sehen sollten.

Französische Wissenschaftler haben eine faszinierende Untersuchung im Wahlkampf zwischen Emmanuel Macron und Marine Le Pen durchgeführt: Sie testeten bei 2.480 Franzosen im wahlberechtigten Alter, wie bei ihnen Falschmeldungen und auch richtige Information wirkten. Ein Teil

18. Festhalten an Fakten

der Teilnehmer sah falsche Aussagen der Rechtspopulistin Le Pen, ein Teil erhielt nur die faktisch korrekte Information, und ein dritter Teil las sowohl Fehlinformation als auch anschließend die Richtigstellung. Die Rechtspopulistin hatte behauptet, dass 99 Prozent der Flüchtlinge in Deutschland und Ungarn Männer seien und dass diese nur aus wirtschaftlichen Gründen nach Europa kämen. Diese Zahl ist irreführend. Offizielle Berichte deuten in eine andere Richtung: Laut UN-Flüchtlingshilfswerk (UNHCR) sind von den Flüchtlingen, die über das Mittelmeer kamen, 42 Prozent Kinder oder Frauen. Die französischen Forscher fanden heraus, dass die Richtigstellung sehr wohl das Wissen verbesserte: „Insgesamt finden wir überwältigende Belege, dass die Studienteilnehmer die Fakten aufnehmen, wenn sie sie erhalten", notieren sie in ihrer Studie. Franzosen, die sowohl die falsche Behauptung Le Pens als auch die Korrektur mitbekommen hatten, gaben der offiziellen Information des UNHCR mehr Gewicht, was die Sachlage betrifft.

Gleichzeitig zeigte diese Studie eine Schwäche von Faktenchecks auf: „Das Wissen über Fakten jedoch führt nicht zu einer Veränderung, wie Menschen die Gründe für Migration wahrnehmen", schreiben die Wissenschaftler. Im Gegenteil! Selbst Bürger, die Falschmeldung plus Faktencheck oder die sogar nur die richtige Information gelesen hatten, stimmten danach eine Spur stärker der Flüchtlingspolitik von Marine Le Pen zu. Das ist bemerkenswert, weil es nahelegt: Das pure Ansprechen der Narrative von Rechtspopulisten kann dazu führen, dass man deren Narrative stärkt. Ganz offensichtlich können Faktenchecks alleine nicht die Rhetorik von Rechtspopulisten entzaubern. „Das bedeutet, dass die Wirkkraft einer politischen Kampagne nicht auf Fakten oder

18. Festhalten an Fakten

Zahlen begrenzt ist, die Wirkung einer Kampagne baut zuallererst auf ihren Narrativen auf", schreiben die Forscher.[230]

Ich würde hieraus den Schluss ableiten, wie riskant das für die öffentliche Debatte ist, wenn ausgerechnet rechtspopulistische Kräfte am stärksten eigene Narrative vorgeben und eindrückliche Deutungen liefern, wie wir uns die Welt erklären können. Es ist ziemlich wirkungslos, darauf nur mit Fakten oder Zahlen zu reagieren, jedoch keinen eigenen Deutungsrahmen oder eigene Narrative zu liefern. Ein großes Erklärmuster und eine schlüssig wirkende Geschichte scheinen Fakten zu schlagen. Umso wichtiger erscheint mir, dass auch andere Parteien stärker ihre Weltsicht erklären, große Narrative vermitteln und eigene Erklärungen bieten. Letztlich ist Politik doch genau das: ein Wettbewerb der Ideen. Nur braucht es dafür sichtbare Ideen.

Die zweite große Schwäche ist, dass Faktenchecks nicht alle Bürger erreichen. Gerade jene Menschen, die eine Fehlinformation gelesen haben, werden vielfach nicht die Korrektur mitbekommen. Den deutlichsten Beleg hierfür liefert die Untersuchung von Brendan Nyhan, Jason Reifler und Andy Guess. Wie ganz zu Beginn dieses Buchs erwähnt, analysierten sie das Browsing-Verhalten von mehr als 2500 Amerikanern im Wahlkampf. Gerade unter Bürgern, die selbst Fake News, also erfundene Geschichten, konsumiert hatten, war die Skepsis gegenüber Faktenchecks besonders groß. Insgesamt hatte jeder Vierte mindestens eine Fake-News-Webseite aufgerufen. Ungefähr die Hälfte von ihnen rief im beobachteten Zeitraum keine einzige der bedeutenden Faktenchecker-Webseiten in den USA auf. Die andere Hälfte der Studienteilnehmer, die einen Fake-News-Artikel gelesen hatte, besuchte zwar mindestens eine Adresse

18. Festhalten an Fakten

wie politifact.com oder snopes.com – nur lasen sie dort nicht die Korrektur zu jener Falschmeldung, die sie selbst gesehen hatten, sondern andere Texte.[231] Politologe Reifler fasst zusammen: „Wenn Menschen Fake News lesen, gehen sie danach nicht auf Webseiten, um das gegenzuchecken. In unseren Daten haben wir niemanden gesehen, der den Faktencheck zu einem Fake-News-Artikel aufzurufen versuchte, den er gelesen hatte." Das ist eine ziemlich ernüchternde Nachricht – und zeigt einmal mehr, dass Menschen nicht unbedingt hinterfragen, was sie online lesen.

Auch das könnte man als Indiz deuten, dass Aufklärung wenig bringt – doch ich warne vor einer allzu düsteren Weltsicht. Und auch Studienautor Reifler bleibt optimistisch: „Faktenchecks alleine können nicht Politiker dazu bringen, ehrlich zu sein, und sie können Wählern nicht alle Informationen geben, die wir ihnen gerne mitgeben würden. Aber sie führen doch zu einer besseren Situation als wenn wir gar keine Faktenchecks hätten." Einfach gesagt: Kein Faktencheck ist auch keine Lösung.

Drei Erkenntnisse geben Grund zur Hoffnung: Erstens existieren mittlerweile technische Ansätze, Falschmeldungen weniger sichtbar zu machen und Aufklärung stärker einzublenden. Facebook arbeitet in den USA mit etlichen Faktencheckern wie „Snopes", „Politifact" oder der Nachrichtenagentur AP zusammen. Wenn diese eine Behauptung überprüft haben, wird der Faktencheck dazu unter der jeweiligen Falschmeldung als „related article" angezeigt, auf Deutsch steht dann dort „Mehr zum Thema". Wer also auf Facebook etwas nachgewiesen Falsches im Feed sieht, bekommt den Hinweis zu weiterführenden Faktenchecks

18. Festhalten an Fakten

eingeblendet. Hier wird versucht, niederschwellig und ohne erhobenem Zeigefinger Menschen auf die richtige Information hinzuweisen. In Deutschland liefert auch die Rechercheplattform „Correctiv" solche „related articles" zur Aufklärung, sie ist bisher der einzige Faktencheck-Partner Facebooks in der Bundesrepublik.[232] In Österreich gibt es dieses Feature gar nicht – es wird bisher nur in größeren Nationen wie den USA, Deutschland, Italien, Frankreich und den Niederlanden angeboten. Ein wichtiger Aspekt ist dabei auch: Wurde ein Artikel als Falschmeldung von einer Faktencheck-Einrichtung entlarvt, zeigt Facebook diese Meldung im Feed weniger prominent an. Das ist gut – denn wenn etwas nachweisbar falsch ist, soll es weniger sichtbar sein.[233]

Zweitens bringen Faktenchecks sehr wohl Aufklärung und eine Verbesserung des Wissensstands – gerade bei jenen Bürgern, die noch keine vorgefertigte Meinung haben. Die Kommunikationswissenschaftlerin Michelle Amazeen hat gemeinsam mit Kollegen das Verhalten von 800 Amerikanern auf Facebook und Twitter analysiert. Ihre Forschung ist noch nicht veröffentlicht, aber die Ergebnisse liegen ihr schon vor. Die Forscher sahen: Menschen mit einem hohen Bedürfnis nach Orientierung – das sind Personen, die stark Medien nutzen, um aktuelle Vorgänge zu verstehen – teilen auch signifikant öfter Faktenchecks auf sozialen Medien. „Wenn wir über die Effektivität von Faktenchecks sprechen, ist wichtig zu sehen, dass sie anscheinend Menschen einen Halt geben, die nach einer Einordnung in Medien suchen. Das ist auch ein wertvoller Beitrag solcher Artikel", sagt Michelle Amazeen. Auch wenn Fakten nicht unbedingt Meinungen verändern können, ist es gut, dass sie zumindest Verwirrung verringern.

18. Festhalten an Fakten

Der dritte Aspekt, wie Faktenchecks eine Wirkung zeigen: Sie sind für faktenresistente Politiker doch ein Ärgernis. Hierzu möchte ich eine Studie zitieren, die mir selbst Hoffnung gibt. Die Politologen Brendan Nyhan und Jason Reifler (die wir schon von der Untersuchung zu Fake News kennen) analysierten, ob sich Politiker durch Faktenchecks zu einer faireren Rhetorik motivieren lassen. Ein ungewöhnliches Experiment: Sie schrieben Politikern Briefe. Ihre Versuchsanordnung betraf insgesamt rund 1.200 amerikanische Mandatare aus neun US-Bundesstaaten, beobachtet wurde ihr Verhalten in den entscheidenden Monaten vor der Präsidentschaftswahl 2012.

Die Politiker wurden in drei Gruppen geteilt: Die erste Gruppe der Mandatare bekam Briefe, in denen sie darauf hingewiesen wurden, dass in ihrem Bundesstaat Faktenchecks stattfinden. Auch wurden darin konkrete Beispiele politischer Falschmeldungen geliefert, die bereits entlarvt worden waren. Die zweite Gruppe erhielt ebenfalls Briefe, in denen allerdings nur vage erklärt wurde, dass eine Studie zum Thema „Genauigkeit im Wahlkampf" durchgeführt werde. Und die dritte Gruppe erhielt gar keine Briefe.

Nyhan und Reifler sahen, dass sich der Hinweis auf Faktenchecks positiv auswirkt. Sie wissen zwar nicht, wie viel Prozent der Briefe genau geöffnet und gelesen wurden – aber sie können statistisch relevante Unterschiede zwischen diesen Gruppen messen. Über zehn Wochen hinweg beobachteten sie die Politiker im Wahlkampf und ermittelten, wie viele von ihnen mit einer irreführenden oder falschen Behauptung aufgeflogen waren. Das Ergebnis: Wenn Politiker an Faktenchecks erinnert wurden, hielten sie sich tendenziell beim Hantieren mit Halbwahrheiten zurück.

18. Festhalten an Fakten

„Unsere Resultate deuten darauf hin, dass bei Mandataren, die unseren Hinweisbrief erhalten hatten, die Wahrscheinlichkeit deutlich niedriger lag, dass sie eine negative Bewertung von ‚PolitiFact' bekamen oder ihre Richtigkeit im Beobachtungszeitraum öffentlich angezweifelt wurde", schreiben die Politiker.[234] Natürlich ändert der Hinweis auf Faktenchecks nicht das Verhalten aller Politiker – das wäre wohl zu viel versprochen. Allerdings lässt sich ein Teil der Politiker anscheinend durchaus davon beeindrucken und bringt weniger Falsches ein: Das ist schon eine gute Nachricht, dass die Faktenchecks von Journalisten oder von neuen Online-Portalen einen positiven Einfluss haben, wie wahrheitsgetreu Politiker auftreten.

Simpel oder stets erfolgsgekrönt ist der Kampf gegen Irreführung und politische Manipulation gewiss nicht: Es wird nie eine politische Debatte ohne Lügen oder kleinere Schwindeleien geben. Ein solcher Anspruch wäre auch illusorisch. Sehr wohl können wir allerdings darauf pochen, dass es besser werden muss: Und eine Verbesserung ist auf vielen Ebenen möglich. Zum einen können wir große Technikplattformen stärker in die Pflicht nehmen, sich stärker zu erklären und digitale Tools zu entwickeln, die das Gemeinsame in einer Gesellschaft (und nicht das Trennende) in den Vordergrund stellen. Zweitens können wir effizienter werden, Falschmeldungen als solche zu benennen, sowie Politikern dies vorzuhalten, wenn sie nachweisbar eine solche verbreiten – und wir können lernen, die richtige Information möglichst effizient verständlich zu machen, etwa mit dem Einsatz von Bildern. Das Wichtigste ist allerdings, sich nicht verwirren oder entmutigen zu lassen, sondern geduldig und beharrlich am Wert von Fakten festzuhalten.

ANMERKUNGEN

1 Wochenblick.: „Merkel hofft auf 12 Millionen Einwanderer", online: https://www.wochenblick.at/merkel-hofft-auf-12-millionen-einwanderer/

2 Newton, Casey: Zuckerberg: the idea that fake news on Facebook influenced the election is ‚crazy', online: https://www.theverge.com/2016/11/10/13594558/mark-zuckerberg-election-fake-news-trump

3 Chakrabarti, Samidh: Hard Questions: What Effect Does Social Media Have on Democracy?, online: https://newsroom.fb.com/news/2018/01/effect-social-media-democracy/

4 Berners-Lee, Tim: Three challenges for the web, according to its inventor, online: http://webfoundation.org/2017/03/web-turns-28-letter/

5 CrossCheck: Emmanuel Macron accused of planning to establish Sharia law in Mayotte, online: https://crosscheck.firstdraftnews.com/checked-french/emmanuel-macron-accused-planning-establish-sharia-law-mayotte/

6 Searles, Kathleen/Ridout, Travis N.: The Use and Consequences of Emotions in Politics, online: http://emotionresearcher.com/the-use-and-consequences-of-emotions-in-politics/

7 Pagella Politica: La notizia più condivisa sul referendum? È una bufala, online: https://pagellapolitica.it/blog/show/148/la-notizia-pi%C3%B9-condivisa-sul-referendum-%C3%A8-una-bufala

8 N.N.: NOTIZIA SHOCK! Referendum: trovate 500.000 schede già segnate col „SI". CONDIVIDETE!, online: http://www.italiani-informati.com/2016/11/23/referendum-schede-gia-segnate/ (Dank an Gunther Müller für die Übersetzung).

9 Pagella Politica, a.a.O.

Anmerkungen

10 Silverman, Craig: This Analysis Shows How Viral Fake Election News Stories Outperformed Real News On Facebook, online: https://www.buzzfeed.com/craigsilverman/viral-fake-election-news-outperformed-real-news-on-facebook

11 Silverman, Craig/Singer-Vine, Jeremy: Most Americans Who See Fake News Believe It, New Survey Says, online: https://www.buzzfeed.com/craigsilverman/fake-news-survey

12 Guess, Andrew u.a.: Selective Exposure to Misinformation: Evidence from the consumption of fake news during the 2016 U.S. presidential campaign, online: http://www.dartmouth.edu/~nyhan/fake-news-2016.pdf

13 Reuters Institute: Digital News Report 2017, Interactive, online: http://www.digitalnewsreport.org/interactive-2017/

14 Brodnig, Ingrid: 7 types of misinformation in the German election, online: https://firstdraftnews.org/7-types-german-election/

15 Trump, Donald J.: In addition to winning. Tweet vom 27.11.2016, online: https://twitter.com/realdonaldtrump/status/802972944532209664

16 N.N.: NOTIZIA SHOCK!, a.a.O.

17 N.N.: Forscher finden Hinweise auf Wahlmanipulation, online: https://www.pressetext.com/news/20110505024

18 Thür, Martin: Weißblaue Geschichten, online: https://www.martinthuer.at/2016/05/weissblaue-geschichten/

19 Die Presse: Das Stichwahl-Urteil des VfGH im Wortlaut, online: http://diepresse.com/home/innenpolitik/5041253/Das-StichwahlUrteil-des-VfGH-im-Wortlaut

20 Brodnig, Ingrid: Reaktionen auf VfGH-Urteil: „Einfach nur zum Kotzen!!", online: https://www.profil.at/shortlist/oesterreich/reaktionen-vfgh-urteil-einfach-zum-kotzen-6863716

21 N.N.: 700 Euro Weihnachtsgeld für Flüchtlinge, online: http://www.nachrichten.de.com/58553a311df80/700-euro-weihnachtsgeld-fur-fluchtlinge.html

Anmerkungen

22 N.N.: Darum glauben so viele den Fake, dass Flüchtlinge 700 € Weihnachtsgeld bekommen, online: https://www.mimikama.at/volksverpetzer/fake-weihnachtsgeld/

23 Mündges, Stephan: Machen Asylbewerber Heimaturlaub, online: https://www.zdf.de/nachrichten/heute-plus/videos/machen-asylbewerber-heimaturlaub-100.html

24 Wannenmacher, Tom: Faktencheck: „Flüchtlinge" führen blutigen Krieg gegen Militär und Polizei – Mafia liquidiert 120 Afrikaner per Kopfschuss, online: https://www.mimikama.at/allgemein/faktencheck-flchtlinge-fhren-blutigen-krieg-gegen-militr-und-polizei-mafia-liquidiert-120-afrikaner-per-kopfschuss/

25 Brodnig, Ingrid: 5 von 10 problematisch: Die Top-Meldungen zu Flüchtlingen, online: https://www.brodnig.org/2018/01/04/top-meldungen-fluechtlinge-2017/

26 N.N.: Der Plan von George Soros gehackt: Seine organisierte Flüchtlings-„Krise" basiert auf Bestechung und Täuschung, online: http://noch.info/2016/08/der-plan-von-george-soros-gehackt-seine-organisierte-fluechtlings-krise-basiert-auf-bestechung-und-taeuschung/

27 COMPACT-Magazin: Soros fordern, was ihm nützt. Facebook-Eintrag vom 7.10.2016, online: https://www.facebook.com/Compact.Magazin/posts/1288376024544680

28 Benz, Wolfgang: Die Protokolle der Weisen von Zion: die Legende von der jüdischen Weltverschwöung, C.H. Beck, München, 2007. S. 76

29 Uberti, David: The real history of fake news, online: https://www.cjr.org/special_report/fake_news_history.php

30 Der Postillon: Es könnten ja. Facebook-Eintrag vom 30.5.2016, online https://www.facebook.com/DerPostillon/posts/10153490371861526

31 Kronen Zeitung: Grüne gegen Christbaum: „Unzeitgemäßes Ritual", online: http://www.krone.at/welt/gruene-gegen-christbaum-unzeitgemaesses-ritual-debatte-vor-advent-story-538084

Anmerkungen

32 Kronen Zeitung: Die Stadt solle nicht. Facebook-Eintrag vom 8.11.2016, online: https://www.facebook.com/krone.at/posts/1470640796281235

33 Röhlig, Marc: Verschwörungstheorie: Rechte fürchten nächtliche "Flüchtlingsflieger" in Deutschland, online: http://www.bento.de/politik/fluechtlinge-kommen-nachts-im-flugzeug-was-hinter-der-rechten-hetze-steckt-789706/

34 Mimikama: Schweden: So sieht eine 75-jährige Frau aus, nachdem sie von muslimischen ... UNSINN!, online: https://www.mimikama.at/allgemein/schweden-so-sieht-eine-75-jhrige-frau-aus-nachdem-sie-von-muslimischen-unsinn/

35 Innenministerium NRW: Aus aktuellem Anlass. Tweet vom 15.8.2017, online: https://twitter.com/IM_NRW/status/897568843039731712/

36 Kazim, Hasnain: Wiener Schmähungen, online: http://www.spiegel.de/politik/ausland/wahl-des-bundespraesidenten-in-oesterreich-hofer-gegen-van-der-bellen-a-1124067.html

37 Wannenmacher, Tom: REFUGEES WELCOME Schild: FAKE, online: http://www.mimikama.at/allgemein/refugees-welcome-schild-ist-ein-fake/

38 Strobl, Natascha: Über schirche Frauen und falschen Antirassismus, online: https://schmetterlingssammlung.net/2016/03/02/ueber-schirche-frauen-und-falschen-antirassismus/

39 Silverman, Craig/Alexander, Lawrence: How Teens In The Balkans Are Duping Trump Supporters With Fake News, online: https://www.buzzfeed.com/craigsilverman/how-macedonia-became-a-global-hub-for-pro-trump-misinfo

40 Mimikama: Merkel: „Attentate als Teil unseres Lebens akzeptieren" – Zitat- und Bildfälschung, online: http://www.mimikama.at/allgemein/merkel-attentate-als-teil-unseres-lebens-akzeptieren-zitat-und-bildflschung/

Anmerkungen

41 Wolf, Andre: „Weil man anstatt der Elite den Pöbel an die Wahlurne lässt" [Fake/In Satira], online: http://www.mimikama.at/allgemein/weil-man-anstatt-der-elite-den-pbel-an-die-wahlurne-lsst-fakein-satira/

42 Searles/Ridout, a.a.O.

43 Ryan, Timothy J.: What Makes Us Click? Demonstrating Incentives for Angry Discourse with Digital-Age Field Experiments, online: https://papers.ssrn.com/sol3/papers.cfm?abstract_id=1902693

44 Berger, Jonah/Milkman, Katherine L.: What Makes Online Content Viral?, online: http://jonahberger.com/wp-content/uploads/2013/02/ViralityB.pdf

45 Trump, Donald J.: Election is being rigged. Facebook-Eintrag vom 16.10.2016, online: https://www.facebook.com/DonaldTrump/posts/10157905239480725

46 Martinchek, Patrick: What I Discovered About Trump and Clinton From Analyzing 4 Million Facebook Posts, online: https://shift.newco.co/what-i-discovered-about-trump-and-clinton-from-analyzing-4-million-facebook-posts-922a4381fd2f

47 Oremus, Will: Who Controls Your Facebook Feed, online: http://www.slate.com/articles/technology/cover_story/2016/01/how_facebook_s_news_feed_algorithm_works.html

48 N.N.: News Feed FYI From F8: How News Feed Works, online: https://newsroom.fb.com/news/2016/04/news-feed-fyi-from-f8-how-news-feed-works/

49 N.N.: Ist diese Meldung für dich relevant? Wie wir auswählen, online: https://newsfeed.fb.com/three-main-ranking-factors?lang=de

50 Eyl, Stephan: Studie: Was Wut, Angst und Freude bei Fans auslösen… [Infografik], online: http://blog.fanpagekarma.com/2014/10/27/emotionen-facebook-social-media-interaktionen-reichweite/

Anmerkungen

51 McNamee, Roger: How to Fix Facebook – Before It Fixes Us, online: https://washingtonmonthly.com/magazine/january-february-march-2018/how-to-fix-facebook-before-it-fixes-us/

52 Zuckerberg, Mark: Continuing our focus for 2018. Facebook-Eintrag vom 19.1.2018, online: https://www.facebook.com/zuck/posts/10104445245963251

53 Mosseri, Adam: News Feed FYI: Bringing People Closer Together, online: https://newsroom.fb.com/news/2018/01/news-feed-fyi-bringing-people-closer-together//

54 N.N.: Facebook Q4 2017 Results, online: https://s21.q4cdn.com/399680738/files/doc_financials/2017/Q4/Q4-2017-Earnings-Presentation.pdf

55 Tufekci, Zeynep: The Real Bias Built In at Facebook, online: https://www.nytimes.com/2016/05/19/opinion/the-real-bias-built-in-at-facebook.html

56 N.N.: Antitrust: Commission fines Google € 2.42 billion for abusing dominance as search engine by giving illegal advantage to own comparison shopping service – Factsheet, online: http://europa.eu/rapid/press-release_MEMO-17-1785_en.htm

57 N.N.: Blitzschnelle Suche, online: https://static.googleusercontent.com/media/www.google.com/de//insidesearch/howsearchworks/assets/searchInfographic.pdf

58 Kahan, Dan M.: The Politically Motivated Reasoning Paradigm, online: https://papers.ssrn.com/sol3/Papers.cfm?abstract_id=2703011

59 Snopes: Did President Trump Have Diarrhea on the Golf Course?, online: http://www.snopes.com/trump-diarrhea-golf-course/

60 taz: Helfer sag: Sorry, online: http://www.taz.de/!5273866/

61 Kahan, Dan M.: Climate-Science Communication and the Measurement Problem, online: http://onlinelibrary.wiley.com/doi/10.1111/pops.12244/abstract

Anmerkungen

62 N.N.: Word of the Year 2016 is…, online: https://en.oxforddictionaries.com/word-of-the-year/word-of-the-year-2016

63 Schkade, David u.a.: What Happened on Deliberation Day, online: https://papers.ssrn.com/sol3/papers.cfm?abstract_id=911646

64 Ebd.

65 Guess u.a., a.a.O.

66 Fessler, Daniel M.T. u.a.: Political Orientation Predicts Credulity Regarding Putative Hazards, online: http://journals.sagepub.com/doi/10.1177/0956797617692108

67 Van Alstyne, Marshall/Brynjolfsson, Erik: Electronic Communities: Global Village or Cyberbalkans?, online: http://web.mit.edu/marshall/www/papers/CyberBalkans.pdf

68 Sunstein, Cass: #republic: Divided Democracy in the age of social media, Princeton University Press, Princeton, 2017. S. 64

69 Sunstein, Cass: Guest Post: Is Social Media Good or Bad for Democracy?, online: https://newsroom.fb.com/news/2018/01/sunstein-democracy/

70 Sunstein, Cass: #republic: Divided Democracy in the age of social media, Princeton University Press, Princeton, 2017. S. 68

71 Gentzkow, Matthew/Shapiro, Jesse M.: Ideological Segregation Online and Offline, online: https://web.stanford.edu/~gentzkow/research/echo_chambers.pdf

72 Halberstam, Yosh/Knight, Brian: Homophily, Group Size, and the Diffusion of Political Information in Social Networks: Evidence from Twitter, online: http://www.nber.org/papers/w20681

73 Guess u.a., a.a.O.

74 Bessi, Alessandro u.a.: Users Polarization on Facebook and Youtube, online: https://doaj.org/article/1547cc4576b247d5a70229a8da76f7a8

75 Del Vicario, Michela u.a.: Mapping social dynamics on Facebook: The Brexit debate, online: https://www.sciencedirect.com/science/article/pii/S0378873316304166

Anmerkungen

76 N.N.: Trump Lashes Out At News Media, Promotes Term Limits At Springs Stop, online: http://www.cpr.org/news/story/trump-promotes-term-limits-lashes-out-at-news-media-at-springs-stop

77 Spiering, Charlie: 28 things Donald Trump promises to do as president, online: http://www.breitbart.com/2016-presidential-race/2016/10/22/donald-trump-contract-american-voter-100-days-5338007/

78 Pinkerton, James P.: Trump the Hamiltonian: 8 Words that Tell You Donald Trump Is Serious About American Jobs and Manufacturing, online: http://www.breitbart.com/2016-presidential-race/2016/05/09/hamiltonian-8-words-tell-donald-trump-serious/

79 Hayward, John: Top 7 Charges Hillary Clinton Could Face While President, online: http://www.breitbart.com/2016-presidential-race/2016/10/31/top-7-charges-hillary-clinton-could-face-while-president/

80 Pollak, Joel B.: Donald Trump is Right: Hillary Clinton Is a Bigot. Here Are 10 Examples, online: http://www.breitbart.com/big-government/2016/08/25/hillary-clinton-is-a-bigot/

81 Hahn, Julia: The Anti-Trump Network: Fox News Money Flows into Open Borders Group, online: http://www.breitbart.com/big-government/2016/01/26/anti-trump-network-fox-news-money-flows-open-borders-group/

82 Winter, Jakob/Brodnig, Ingrid: unzensuriert.at: Wie die FPÖ-nahe Site systematisch Stimmung macht, online: https://www.profil.at/oesterreich/wie-fpoe-site-unzensuriertat-stimmung-7709776

83 N.N.: ›Team Wallraff‹ klärt auf: So verbreitet sich eine Fake News, online: https://www.rtl.de/cms/team-wallraff-klaert-auf-so-verbreitet-sich-eine-fake-news-4124668.html

84 Fuchs, Christian/Zimmermann, Fritz: Hauspost für die Wütenden, online: http://www.zeit.de/2016/25/afd-compact-juergen-elsaesser

Anmerkungen

85 Elsässer, Jürgen: Eilmeldungen vom AfD-Parteitag – Tag 2, online: https://www.compact-online.de/eilmeldungen-vom-afd-parteitag/

86 Deutschland-Kurier: Das Irrenhaus-Tagebuch 13, online: https://www.deutschland-kurier.org/das-irrenhaus-tagebuch-13/

87 Schmelzer, Thomas: Eine Mischung aus Breitbart und Bild, online: http://www.wiwo.de/politik/deutschland/deutschland-kurier-eine-mischung-aus-breitbart-und-bild/20053842.html

88 Deutschland-Kurier: BKA-Bericht warnt: Übergriffe auf Christen in Deutschland nehmen zu, online: https://www.deutschland-kurier.org/bka-bericht-warnt-uebergriffe-auf-christen-in-deutschland-nehmen-zu/

89 Kohrs, Camilla: Am besten hetzt es sich anonym, online: https://correctiv.org/recherchen/neue-rechte/artikel/2017/01/02/medien-pi-news-politically-incorrect/

90 Politically Incorrect: Alice Weidel: Blogs wie PI-NEWS sorgen für mehr Transparenz, online: http://www.pi-news.net/2018/01/alice-weidel-alternative-blogs-wie-pi-news-sorgen-fuer-mehr-transparenz/

91 Focus: AfD will eigenen Newsroom starten, online: https://www.focus.de/politik/deutschland/alternative-zu-fake-news-afd-startet-eigenen-newsroom_id_8445068.html

92 Brühl, Jannis u.a.: Der Facebook-Faktor, online: http://gfx.sueddeutsche.de/apps/e502288/www/

93 N.N.: FPÖ-TV Uploads, online: https://www.youtube.com/user/FPOETVonline/videos

94 Hacker-Walton, Philipp: Facebook als „Drehscheibe" der blauen Strategie, online: https://kurier.at/politik/inland/facebook-als-drehscheibe-der-blauen-strategie/157.585.117

95 Huber, Markus: „Zu weit weg von der Bevölkerung", online: http://www.fleischmagazin.at/index.php/fleisch-38-krone-richard-schmitt

Anmerkungen

96 Fichter, Adrienne: Der digitale Diktator, online: https://www.republik.ch/2018/02/01/der-digitale-diktator
97 Nardelli, Alberto/Silverman, Craig: Italy's Most Popular Political Party Is Leading Europe In Fake News And Kremlin Propaganda, online: https://www.buzzfeed.com/albertonardelli/italys-most-popular-political-party-is-leading-europe-in-fak
98 N.N.: Donald Trump's file, online: http://www.politifact.com/personalities/donald-trump/
99 N.N.: Bonsai Kitten waren mir lieber - Rechte Falschmeldungen in sozialen Netzwerken, online: https://media.ccc.de/v/33c3-8288-bonsai_kitten_waren_mir_lieber_-_rechte_falschmeldungen_in_sozialen_netzwerken
100 Schmid, Fabian: Stehlende Flüchtlinge: Strache löscht Posting nach Billa-Dementi. Online: http://derstandard.at/2000023005132/Stehlende-Fluechtlinge-Strache-loescht-nach-Billa-Dementi-geteiltes-Posting
101 AfD: +++Hat sie nicht mehr alle Weingläser im Schrank?+++. Facebook-Eintrag vom 27.5.2017, online: https://www.facebook.com/alternativefuerde/photos/a.542889462408064.1073741828.540404695989874/1507661242597543/?type=3&theater
102 Meuthen, Jörg: Liebe Leser, haben Sie zwei. Facebook-Eintrag vom 28.5.2017, online: https://www.facebook.com/Prof.Dr.Joerg.Meuthen/photos/a.554885501326826.1073741828.554345401380836/832993060182734/
103 Rosenkranz, Boris: AfD, Broder und Tichy verleumden Margot Käßmann als Rassistin, online: https://uebermedien.de/16125/afd-broder-und-tichy-verleumden-margot-kaessmann/
104 Wodak, Ruth: Politik mit der Angst. Zur Wirkung rechtspopulistischer Diskurse. Edition Konturen. Wien 2016. S. 18
105 Ebd., S. 20
106 Boyd, Danah: The Information War Has Begun, online: http://www.zephoria.org/thoughts/archives/2017/01/27/the-information-war-has-begun.html

Anmerkungen

107 The Alex Jones Channel: Brussels Attack Was. YouTube-Video vom 23.3.2016, online: https://www.youtube.com/watch?v=UlDPiiVouEw

108 The Alex Jones Channel: Smoking Gun. YouTube-Video vom 12.9.2012, online: https://www.youtube.com/watch?v=v4za9OSalz4

109 N.N.: Brain Force Plus, online: http://www.infowarsshop.com/Brain-Force-Plus_p_1611.html

110 N.N.: Bill Clinton Rape Shirt, online: http://www.infowarsshop.com/Bill-Clinton-Rape-Shirt-_p_1872.html

111 N.N.: Citizen Armor Civvy Concealed Armored Vest, online: http://www.infowarsshop.com/Citizen-Armor-Civvy-Concealed-Armored-Vest-_p_1969.html

112 Boxell, Levi u.a.: Greater Internet use is not associated with faster growth in political polarization among US demographic groups, online: http://www.pnas.org/content/114/40/10612

113 Martin, Gregory/Yurukoglu, Ali: Bias in Cable News: Persuasion and Polarization, online: https://pubs.aeaweb.org/doi/pdfplus/10.1257/aer.20160812

114 Albright, Jonathan: Left + Right: The Combined Post-#Election2016 News „Ecosystem", online: https://medium.com/@d1gi/left-right-the-combined-post-election2016-news-ecosystem-42fc358fbc96

115 Nyhan, Brendan: Relatively Few Americans Live in Partisan Media Bubble, but They're Influential, online: https://www.nytimes.com/2016/09/08/upshot/relatively-few-people-are-partisan-news-consumers-but-theyre-influential.html

116 Vargo, Chris/Guo, Lei: Networks, Big Data, and Intermedia Agenda Setting: An Analysis of Traditional, Partisan, and Emerging Online U.S. News, online: http://journals.sagepub.com/doi/abs/10.1177/1077699016679976

Anmerkungen

117 Silverman, Craig u.a.: Hyperpartisan Facebook Pages Are Publishing False And Misleading Information At An Alarming Rate, online: https://www.buzzfeed.com/craigsilverman/partisan-fb-pages-analysis

118 Die Liste der Top-20-Medien findet sich auch unter brodnig.org/Liste_Likemedien2016.xls

119 N.N.: Diese Mutter hat ihr Kind verloren, weil sie bei Facebook einen Fehler gemacht hat. Haltet die Augen offen!, online: http://www.heftig.de/augen-auf-im-internet/

120 Winterbauer, Stefan: Kopp, Sputnik, Epoch Times & Co: Nachrichten aus einem rechten Paralleluniversum, online: http://meedia.de/2016/03/18/kopp-sputnik-epoch-times-co-nachrichten-aus-einem-rechten-paralleluniversum/

121 Neuhold, Clemens: oe24-Chef Niki Fellner: „Wir bringen, was zieht", online: https://www.profil.at/oesterreich/oe24-chef-fellner-interview-7987905

122 N.N.: Ende 2016 soll die Welt untergehen, online: http://www.oe24.at/welt/Ende-2016-soll-die-Welt-untergehen/261283887

123 N.N.: News conference of Vladimir Putin, online: http://en.special.kremlin.ru/events/president/transcripts/19859

124 RT Deutsch: Über uns, online: https://deutsch.rt.com/uber-uns/

125 Sputnik: Über uns, online: https://de.sputniknews.com/docs/about/ueber_uns.html

126 Sputnik: Suche Le Pen, online: https://de.sputniknews.com/search/?query=le+pen

127 Sputnik: Italienischer Politiker: Macron ist eine „elegante Marionette", online: https://de.sputniknews.com/politik/20170424315494580-macron-eine-marionette-politiker/

128 RT Deutsch: Umfrage bei Jugendlichen: Praktisch null Vertrauen in die Mainstreammedien, online: https://deutsch.rt.com/gesellschaft/42740-umfrage-jugendliche-medien-vertauen/

Anmerkungen

129 Bayerischer Rundfunk: Europas Jugend hat nur wenig Vertrauen in Politik und Institutionen, online: http://www.br.de/presse/inhalt/pressemitteilungen/generation-what-europaeischer-abschlussbericht-100.html

130 Shekhovtsov, Anton: „Bringing the Rebels", online: https://lif.blob.core.windows.net/lif/docs/default-source/publications/bringing-the-rebels-by-anton-shekhovtsov-september-2015-pdf.pdf

131 Graham-Harrison, Emma: Syria chemical weapons attack: what we know about deadly air raid, online: https://www.theguardian.com/world/2017/apr/05/syria-chemical-weapons-attack-what-we-know-khan-sheikhun

132 RT Deutsch: RT-Exklusiv: „Chemieangriff eine False-Flag-Operation von Rebellen", online: https://deutsch.rt.com/der-nahe-osten/48762-rt-giftgas-russland-assad-idlib/

133 RT Deutsch: Russisches Verteidigungsministerium: Syrische Luftwaffe bombardierte Chemie-Waffenlager in Idlib, online: https://deutsch.rt.com/international/48723-russisches-verteidigungsministerium-aussert-sich-zu-gasangriff-in-idlib/

134 Graham-Harrison, a.a.O.

135 N.N.: President Says Saddam Hussein Must Leave Iraq Within 48 Hours, online: https://georgewbush-whitehouse.archives.gov/news/releases/2003/03/20030317-7.html

136 Zeit Online: Frankreich macht Assad für Giftgasangriff verantwortlich, online: http://www.zeit.de/politik/ausland/2017-04/syrien-giftgas-chan-scheichun-frankreich-verantwortung-regime-baschar-al-assad

137 RT Deutsch: Giftgaszwischenfall in Chan Scheichun: Frankreich präsentiert lückenhafte Anschuldigungen, online: https://deutsch.rt.com/international/49758-giftgaszwischenfall-in-chan-scheichun-frankreich-macht-syrische-regierung-verantwortlich/

138 N.N.: Chemiewaffen-Angriff in Syrien: Eine vorhersehbare Desinformationsstrategie, online: https://euvsdisinfo.eu/chemiewaffen-angriff-in-syrien-eine-vorhersehbare-desinformationsstrategie/

Anmerkungen

139 Sputnik: US May Be Secretly Funding Resurrection of Ukrainian Combat Dolphin Program, online: https://sputniknews.com/military/201609241045664270-ukraine-combat-dolphins-resurrection/

140 N.N.: Background to „Assessing Russian Activities and Intentions in Recent US Elections", online: https://www.intelligence.senate.gov/sites/default/files/documents/ICA_2017_01.pdf

141 N.N.: Globsec Trends, online: https://www.globsec.org/wp-content/uploads/2017/09/glb_trends_en.pdf

142 Chen, Adrien: The Agency, online: https://www.nytimes.com/2015/06/07/magazine/the-agency.html

143 N.N.: An ex St. Petersburg 'troll' speaks out Russian independent TV network interviews former troll at the Internet Research Agency, online: https://meduza.io/en/feature/2017/10/15/an-ex-st-petersburg-troll-speaks-out

144 Timberg, Craig/Dwoskin, Elizabeth: Russian content on Facebook, Google and Twitter reached far more users than companies first disclosed, congressional testimony says, online: https://www.washingtonpost.com/business/technology/2017/10/30/4509587e-bd84-11e7-97d9-bdab5a0ab381_story.html

145 N.N.: HPSCI Minority Open Hearing Exhibits, online: https://democrats-intelligence.house.gov/hpsci-11-1/hpsci-minority-open-hearing-exhibits.htm

146 Hasher, Lynn u.a.: Frequency and the Conference of Referential Validity, online: https://www.researchgate.net/publication/222438522

147 Ebd.

148 Goldman, Adam: The Comet Ping Pong Gunman Answers Our Reporter's Questions, online: https://www.nytimes.com/2016/12/07/us/edgar-welch-comet-pizza-fake-news.html

149 Haag, Matthew/Salam, Maya: Gunman in 'Pizzagate' Shooting Is Sentenced to 4 Years in Prison, online: https://www.nytimes.com/2017/06/22/us/pizzagate-attack-sentence.html

Anmerkungen

150 Shatz, Carla: The Developing Brain, online: https://www.scientificamerican.com/article/the-developing-brain/

151 N.N.: Migrantengewalt: Schwedische Behörden raten Gemeinden zu Vorbereitung für (Bürger-)Kriegszustände, online: https://www.unzensuriert.at/content/0022602-Migrantengewalt-Schwedische-Behoerden-raten-Gemeinden-zu-Vorbereitung-fuer-Buerger

152 Chan, Sewell: 'Last Night in Sweden'? Trump's Remark Baffles a Nation, online: https://www.nytimes.com/2017/02/19/world/europe/last-night-in-sweden-trumps-remark-baffles-a-nation.html

153 FAZ: Jugendliche randalieren in Stockholm, online: http://www.faz.net/aktuell/politik/ausland/unruhen-in-stockholm-in-rinkeby-brennen-autos-14888543.html

154 N.N.: Facts about migration and crime in Sweden, online: http://www.government.se/articles/2017/02/facts-about-migration-and-crime-in-sweden/

155 Ecker, Ullrich u.a.: Reminders and Repetition of Misinformation: Helping or Hindering Its Retraction?, online: https://www.sciencedirect.com/science/article/pii/S2211368116301838

156 Cairncross, Frances: The Death of Distance: How the Communications Revolution Will Change our Lives, Harvard Business School Press, London, 1997. S. 279

157 Broderyck, Ryan: Trump Supporters Online Are Pretending To Be French To Manipulate France's Election, online: https://www.buzzfeed.com/ryanhatesthis/inside-the-private-chat-rooms-trump-supporters-are-using-to?utm_term=.oqVzp4ONAJ#.bm1lm3G8e5

158 Stern, Jenny: Polit-Debatte mit Gerücht aus dem Netz, online: http://faktenfinder.tagesschau.de/frankreich-wahl-praesidentschaft-101.html

Anmerkungen

159 France 24: How we debunked rumours that Macron has an offshore account, online: http://observers.france24.com/en/20170505-france-elections-macron-lepen-offshore-bahamas-debunked

160 CNCCEP: Communiqué. Tweet vom 6.5.2017, online: https://twitter.com/cnccep/status/860777820737470464

161 Serhan, Yasmeen: Macron's War on 'Fake News', online: https://www.theatlantic.com/international/archive/2018/01/macrons-war-on-fake-news/549788/

162 Fox-Brewster, Thomas: Did Russia Hack Macron? The Evidence Is Far From Conclusive, online: https://www.forbes.com/sites/thomasbrewster/2017/05/08/macron-emails-leaked-and-russia-is-the-chief-suspect/#68f4bbbb68f4

163 Scott, Mark: In French Elections, Alt-Right Messages and Memes Don't Translate, online: https://www.nytimes.com/2017/05/04/technology/french-elections-alt-right-fake-news-le-pen-macron.html

164 Hegelich, Simon/Shahrezaye, Morteza: Alles Lüge? Wie im Netz getäuscht wird, online: http://politicaldatascience.blogspot.co.at/2016/11/datenauswertung-zur-zdfzoom-sendung.html

165 Kollanyi, Bence u.a.: Bots and Automation over Twitter during the U.S. Election, online: http://comprop.oii.ox.ac.uk/wp-content/uploads/sites/89/2016/11/Data-Memo-US-Election.pdf

166 Spiegel: AfD will im Wahlkampf Meinungsroboter einsetzen, online: http://www.spiegel.de/netzwelt/netzpolitik/afd-will-im-wahlkampf-social-bots-einsetzen-a-1117707.html

167 Neudert, Lisa-Maria u.a.: Junk News and Bots during the German Parliamentary Election: What are German Voters Sharing over Twitter?, online: http://comprop.oii.ox.ac.uk/wp-content/uploads/sites/93/2017/09/ComProp_GermanElections_Sep2017v5.pdf

168 N.N.: Twitter, Inc., online: https://www.judiciary.senate.gov/imo/media/doc/Edgett%20Appendix%20to%20Responses.pdf

169 N.N.: Botometer, online: https://botometer.iuni.iu.edu/

Anmerkungen

170 Wannenmacher, Tom: Das manipulierte Bild von Angela Merkel, online: https://www.mimikama.at/allgemein/manipuliertes-bild-von-angela-merkel/

171 Wolf, Andre: Bilder aus Ungarn, online: https://www.mimikama.at/allgemein/bilder-aus-ungarn/

172 Breakstone, Joel u.a.: Evaluating Information: The Cornerstone of civic online reasoning, online: https://sheg.stanford.edu/upload/V3LessonPlans/Executive%20Summary%2011.21.16.pdf

173 Ebd.

174 Grabe, Maria/Bucy, Erik: Image Bite Politics. News and the visual framing of politics, Oxford University Press, Oxford, 2009, S. 11

175 Zit. nach: Grabe, Maria/Bucy, Erik: Image Bite Politics. News and the visual framing of politics, Oxford University Press, Oxford, 2009, S. 14

176 Renner, Nausicaa: Memes trump articles on Breitbart's Facebook page, online: https://www.cjr.org/tow_center/memes-trump-articles-on-breitbarts-facebook-page.php

177 Gruber, Angela: Lieber tot als Trump-Fan, online: http://www.spiegel.de/netzwelt/web/pepe-der-frosch-warum-matt-furie-seine-schoepfung-den-comic-tod-sterben-liess-a-1148525.html

178 Heiderich, Kai: Die Hass-Produktionsstraße: Innenansichten aus einer rechten Trollfabrik, online: https://fearlessdemocracy.org/trollfabrik-discord/

179 Nyhan, Brendan/Reifler, Jason: The roles of information deficits and identity threat in the prevalence of misperceptions, online: https://www.dartmouth.edu/~nyhan/opening-political-mind.pdf

180 Keating, Dan u.a.: The Facebook ads Russians targeted at different groups, online: https://www.washingtonpost.com/graphics/2017/business/russian-ads-facebook-targeting/

181 C-SPAN: Senator Al Franken Questions Facebook V.P. About Political Ads Purchased with Foreign Currency, online: https://www.c-span.org/video/?c4688912/senator-al-franken-questions-facebook-vp-political-ads-purchased-foreign-currency

Anmerkungen

182 Shapiro, Leslie: Anatomy of a Russian Facebook ad, online: https://www.washingtonpost.com/graphics/2017/business/russian-ads-facebook-anatomy/

183 Kastrenakes, Jacob: Russian groups made 1,100 YouTube videos during 2016 US election, online: https://www.theverge.com/2017/10/30/16578810/google-russian-propaganda-disclosure

184 N.N.: Twitter, Inc, a.a.O.

185 N.N.: 2016 November General Election Turnout Rates, online: http://www.electproject.org/2016g

186 Fleckl, Rainer u.a.: Das Protokoll: Die „Dirty Campaigning"-Seiten rekonstruiert, online: https://www.addendum.org/kern/timeline/

187 Goldman, Rob: Update on Our Advertising Transparency and Authenticity Efforts, online: https://newsroom.fb.com/news/2017/10/update-on-our-advertising-transparency-and-authenticity-efforts/

188 Grassegger, Hannes/Krogerus, Mikael: Ich habe nur gezeigt, dass es die Bombe gibt, online: https://www.dasmagazin.ch/2016/12/03/ich-habe-nur-gezeigt-dass-es-die-bombe-gibt/

189 Confessore, Nicholas/Hakim, Danny: Data Firm Says „Secret Sauce" Aided Trump; Many Scoff, online: https://www.nytimes.com/2017/03/06/us/politics/cambridge-analytica.html

190 Puls 4: Keynote David Wilkinson, online: http://www.puls4.com/4GAMECHANGER/Videos/4GAMECHANGERS/Keynote-David-Wilkinson-Cambridge-Analytica-512684

191 Ebd.

192 Ebd.

193 Das Erste: Video: Infokrieg im Netz, online: http://www.daserste.de/information/reportage-dokumentation/dokus/videos/infokrieg-im-netz-video-102.html

Anmerkungen

194 Gobry, Pascal-Emmanuel: France's "Fake News" Law Won't Work, online: https://www.bloomberg.com/view/articles/2018-02-14/fake-news-france-s-proposed-law-won-t-work

195 Wannenmacher, Tom: Das gefälschte Zitat von Martin Schulz, online: http://www.mimikama.at/allgemein/das-gefaelschte-zitat-von-martin-schulz/

196 N.N.: Welcher Präsident ist. Facebook-Posting in der Gruppe Der Islam gehört nicht zu Deutschland (Meinungszensur nur im Extremfall), online: https://www.facebook.com/groups/928849560470941/permalink/1396831837006042/

197 Ebd.

198 Stern: Schweizer Rechtspopulist hetzt mit falschem Zitat gegen Renate Künast, online: http://www.stern.de/digital/online/fake-news--wie-auf-facebook-mit-einem-falschen-zitat-gegen-renate-kuenast-gehetzt-wird-7227298.html

199 Tagesspiegel: Fake News über Künast: Ermittlungen eingestellt, online: http://www.tagesspiegel.de/politik/erfundenes-zitat-auf-facebook-fake-news-ueber-kuenast-ermittlungen-eingestellt/20274584.html

200 Prantl, Heribert: Von der Faulheit der Staatsanwaltschaft, online: http://www.sueddeutsche.de/politik/schmaehkritik-gegen-kuenast-von-der-faulheit-der-staatsanwaltschaft-1.3661429

201 Mimikama: Merkel, a.a.O.

202 Bond, Robert M. u.a.: A 61-million-person experiment in social influence and political mobilization, online: http://www.nature.com/nature/journal/v489/n7415/full/nature11421.html

203 Jason, Jones J. u.a.: Social influence and political mobilization: Further evidence from a randomized experiment in the 2012 U.S. Presidential election, online: http://fowler.ucsd.edu/social_influence_and_political_mobilization_further_evidence.pdf

Anmerkungen

204 Lada, Akos u.a.: News Feed FYI: New Signals to Show You More Authentic and Timely Stories, online: https://newsroom.fb.com/news/2017/01/news-feed-fyi-new-signals-to-show-you-more-authentic-and-timely-stories/

205 Pariser, Eli: When the Internet Thinks It Knows You, online: http://www.nytimes.com/2011/05/23/opinion/23pariser.html

206 N.N.: Unternehmensdaten, online: https://de.newsroom.fb.com/company-info/

207 Bakshy, Eytan et al: Exposure to ideologically diverse news and opinion on Facebook, online: http://science.sciencemag.org/content/348/6239/1130

208 Sandvig, Christian: e Facebook „It's Not Our Fault" Study, online: http://socialmediacollective.org/2015/05/07/the-facebook-its-not-our-fault-study/

209 Flaxman, Seth u.a.: Filter Bubbles, Echo Chambers, and Online News Consumption, online: https://academic.oup.com/poq/article/80/S1/298/2223402

210 Stroud, Natalie u.a.: Like, recommend, or respect? Altering political behavior in news comment sections, online: http://journals.sagepub.com/doi/abs/10.1177/1461444816642420

211 Lewis, Paul: 'Fiction is outperforming reality': how YouTube's algorithm distorts truth, online: https://www.theguardian.com/technology/2018/feb/02/how-youtubes-algorithm-distorts-truth

212 Nicas, Jack: How YouTube Drives People to the Internet's Darkest Corners, online: https://www.wsj.com/articles/how-youtube-drives-viewers-to-the-internets-darkest-corners-1518020478

213 Datta, Amit u.a. Automated Experiments on Ad Privacy Settings, online: https://www.andrew.cmu.edu/user/danupam/dtd-pets15.pdf

214 Metz, Cade: Artificial Intelligence Is Setting Up the Internet for a Huge Clash With Europe, online: https://www.wired.com/2016/07/artificial-intelligence-setting-internet-huge-clash-europe/

Anmerkungen

215 Wachter, Sandra u.a.: Why a Right to Explanation of Automated Decision-Making Does Not Exist in the General Data Protection Regulation, online: https://papers.ssrn.com/sol3/papers.cfm?abstract_id=2903469

216 N.N.: Growing Number of Americans Say Obama is a Muslim, online: http://www.pewforum.org/2010/08/18/growing-number-of-americans-say-obama-is-a-muslim/

217 Anderson, Ashley u.a.: The „Nasty Effect:" Online Incivility and Risk Perceptions of Emerging Technologies, online: http://onlinelibrary.wiley.com/doi/10.1111/jcc4.12009/abstract

218 Nyhan/Reifler: The roles of information deficits, a.a.O.

219 N.N.: Perils of Perception 2016, online: https://www.ipsos.com/sites/default/files/migrations/en-uk/files/Assets/Docs/Polls/ipsos-mori-perils-of-perception-charts-2016.pdf

220 Nyhan, Brendan/Reifler, Jason: Displacing Misinformation about Events: An Experimental Test of Causal Corrections, online: https://www.cambridge.org/core/journals/journal-of-experimental-political-science/article/displacing-misinformation-about-events-an-experimental-test-of-causal-corrections/69550AB61F4E3F7C2CD03532FC740D05

221 Stein, Dieter: Die Legende der Nachtflüge, online: https://jungefreiheit.de/debatte/streiflicht/2016/die-legende-der-nachtfluege/

222 Lewandowsky u.a., a.a.O.

223 Lucas, Laura: Was die AfD über den BVB-Anschlag zu wissen meinte, online: http://uebermedien.de/14759/was-die-afd-ueber-den-bvb-anschlag-zu-wissen-meinte/

224 Schönauer, Mats: Schutzwesten gegen Asylbewerber, online: http://www.bildblog.de/60433/schutzwesten-gegen-asylbewerber/

225 N.N.: 2018 Edelman Trust Barometer, online: https://cms.edelman.com/sites/default/files/2018-01/2018%20Edelman%20Trust%20Barometer%20Global%20Report.pdf

Anmerkungen

226 Bradner, Eric: Conway: Trump White House offered „alternative facts" on crowd size, online: http://edition.cnn.com/2017/01/22/politics/kellyanne-conway-alternative-facts/

227 Dean, Michelle: Snopes and the search for facts in a post-fact world, online: https://www.wired.com/story/snopes-and-the-search-for-facts-in-a-post-fact-world

228 Sharockman, Aaron: Who pays for PolitiFact?, online: http://www.politifact.com/truth-o-meter/blog/2011/oct/06/who-pays-for-politifact/

229 N.N.: International Fact-Checking Network fact-checkers' code of principles, online: https://www.poynter.org/international-fact-checking-network-fact-checkers-code-principles

230 Barrera, Oscar u.a.: Facts, Alternative Facts, and Fact Checking in Times of Post-Truth Politics, online: https://papers.ssrn.com/sol3/papers.cfm?abstract_id=3004631

231 Guess u.a., a.a.O.

232 Momigliano, Anna: In Italy, Facebook will have fact checkers 'hunting' for fake news for the first time, online: https://www.washingtonpost.com/news/worldviews/wp/2018/02/02/facebook-goes-on-the-offensive-against-fake-news-for-italys-election/

233 Lyons, Tessa: News Feed FYI: Replacing Disputed Flags with Related Articles, online: https://newsroom.fb.com/news/2017/12/news-feed-fyi-updates-in-our-fight-against-misinformation/

234 Nyhan, Brendan/Reifler, Jason: The roles of information deficits and identity threat in the prevalence of misperceptions, online: https://www.dartmouth.edu/~nyhan/opening-political-mind.pdf

Alle angegebenen Internetseiten wurden am 4. März 2018 zuletzt aufgerufen.

Bibliografische Information der Deutschen Nationalbibliothek
Die Deutsche Nationalbibliothek verzeichnet diese Publikation in der Deutschen Nationalbibliografie; detaillierte bibliografische Daten sind im Internet über http://dnb.d-nb.de abrufbar.
Aus Gründen der einfacheren Lesbarkeit wird teilweise auf die geschlechtsspezifische Differenzierung verzichtet. Entsprechende Begriffe gelten im Sinne der Gleichbehandlung für beide Geschlechter. Originalzitate wurden teilweise in Bezug auf Orthografie, Interpunktion und Grammatik bewusst nicht korrigiert. Ebenfalls aus Gründen der einfacheren Lesbarkeit umfasst die Zahl der Facebook-Likes auch die Zahl der Reactions.

2., überarbeitete Auflage

Cover: Peter Manfredini
Grafische Gestaltung und Satz: Burghard List
Redaktionsassistenz: Julia Herrele
Lektorat: Ulli Steinwender
Korrektorat: Sabine Braun

Gedruckt in der EU

Copyright © 2018 by Christian Brandstätter Verlag, Wien

Alle Rechte, auch die des auszugsweisen Abdrucks oder der Reproduktion einer Abbildung, sind vorbehalten. Das Werk einschließlich aller seiner Teile ist urheberrechtlich geschützt. Jede Verwertung ohne Zustimmung des Verlages ist unzulässig. Dies gilt insbesondere für Vervielfältigungen, Übersetzungen, Mikroverfilmungen und die Einspeicherung und Verarbeitung in elektronischen Systemen.

ISBN 978-3-7106-0270-2

Christian Brandstätter Verlag
GmbH & Co KG
A-1080 Wien, Wickenburggasse 26
info@brandstaetterverlag.com

Designed in Austria, printed in the EU

www.brandstaetterverlag.com
#hassimnetz #lügenimnetz